Pasquale Incoronato

Felicità. Come, con chi e perché

Pasquale Incoronato

Felici... Come, con chi e perché

Raccolta di scritti e proposte educative per i giovani del nostro tempo.

Edizioni Sant'Antonio

Imprint

Cover image: www.ingimage.com

Publisher:
Edizioni Accademiche Italiane
is a trademark of
International Book Market Service Ltd., member of OmniScriptum Publishing Group
17 Meldrum Street, Beau Bassin 71504, Mauritius

Printed at: see last page
ISBN: 978-613-8-39107-4

Indice

Introduzione

La felicità è un bene prezioso, ricercato da ogni uomo sulla faccia della Terra. Essere felici non è semplice, ma è possibile. Il titolo di questo libro vuole essere una pro-vocazione. Cioè vuole, attraverso scritti che hanno a cuore la cura dei giovani, delineare possibili cammini e itinerari per accompagnarli alla ricerca della vera felicità.

La felicità che viene proposta dalla cultura dell'Occidente è soprattutto quella dello "sballo", della "anestetizzazione" della vita; non bisogna soffrire per niente e per nessuno, bisogna vivere alla giornata, senza limiti e sempre a velocità altissima.

A questa cultura, ma in special modo ai nostri giovani, vorrei proporre come vivere l'unica vita che abbiamo, mettendo al centro la vera felicità: la persona di Gesù, il Cristo, che con le sue parole e le sue opere d'amore, ci indica la strada della gioia piena e vera.

I giovani sono alla ricerca di relazioni autentiche, non amano l'ipocrisia. Gli scritti che ho raccolto in questo libro trattano argomenti comuni della vita, ma anche riflessioni teologiche che sfociano nella esistenza di ciascuno di noi.

Una teologia che non sa parlare alla vita di ogni giorno rischia di parlarsi addosso. È un primo tentativo, che mette insieme giovani, cura educativa e itinerari per una vita felice.

Dedico questa raccolta a mio padre Salvatore, che vive nella Eterna felicità, a mia madre Cettina, donna della felicità semplice e genuina, ai miei nipoti Salvatore e Francesco, perché sono la felicità dei miei giorni feriali, ai bambini della Associazione "La Locanda di Emmaus – Onlus", perché recuperino, attraverso il nostro affetto, il sorriso della fanciullezza, troppe volte negato e distrutto dalla vita di adulti infelici.

ANNUNCIARE OGGI LA FEDE AI GIOVANI

La complessità dei nostri tempi culturali rende difficile effettuare un'analisi semplificata e univoca della condizione giovanile. Ma è necessario considerare proprio tale complessità per capire quale influenza essa abbia sulla vita, sulla formazione dei giovani di oggi, sulla loro ricerca religiosa e di fede.

Con l'espressione "società complessa" si intende «descrivere una realtà composta da tendenze ambivalenti, che risultano tra loro incompatibili e irriducibili; una realtà in cui uno stato di integrazione precaria orienta, ma meglio sarebbe dire costringe a scelte parziali e di medio termine, caratterizzate da scarsa capacità pervasiva, e il cui esito sociale appare nel segno della non risolubilità»[1].

---

[1] F. GARELLI, *La condizione giovanile nella società complessa,* in *Aggiornamenti Sociali* 42 (1991) 540. Sul tema della complessità cfr. F. PARDI, *Complessità,* in *Nuovo Dizionario di Sociologia,* Cinisello Balsamo (Milano) 1987, 421-426. In tale contributo l'autore sottolinea che «in prima approssimazione, il termine complessità indica l'esistenza di un problema relativo al controllo di situazioni di cui non è possibile conoscere tutte le connessioni esistenti tra gli oggetti e le relazioni [...] correntemente, col termine complessità viene indicato lo stato di un sistema, caratterizzato da un numero elevato di relazioni componenti tale che non si dà o non è reperibile una unica descrizione del sistema stesso» (421); su questo tema cfr. pure G. BOCCHI - M. CERUTI, *La sfida della complessità,* Milano 1985; A. DETRAGIACHE, *Crisi dei sistemi complessi e nuove strategie di sviluppo,* Milano 1978; N. LUHMANN, *Potere e complessità sociale,* Milano 1979; F. PARDI - G.F. LANZARA, *L'interpretazione della complessità: metodo sistemico e scienze sociali,* Napoli 1980; G. PASQUINO, Le società complesse, Bologna 1983.

1. La società complessa.

È evidente a tutti che viviamo in tempi di forte e velocissimo cambiamento. Ne siamo così coscienti che ormai leggiamo i segni di questo movimento come naturali. Sappiamo che dobbiamo stare ai tempi, soprattutto per lavorare con i giovani e talvolta ci prende un po' di timore a lanciarci su strade nuove, dove il metodo tradizionale di operare non ci appoggia e non può garantire sicurezza. Prendiamo atto che molti punti di riferimento così solidi in un recente passato sono ormai tramontati.

Oggi parlare dei giovani è diventato un fatto comune: tutti hanno qualcosa da dire su di loro, sul loro mondo e le varie dimensioni che esso presenta. Sociologi, psicologi, giornali, trasmissioni televisive e indagini si rivolgono spesso a questa realtà che, secondo la maggior parte degli "esperti", sembra ancora non pienamente conosciuta e studiata. Ma chi sono realmente i giovani? «Sovente si parla di loro in termini o di indiscriminata condanna o di eccitante esaltazione. Non condividiamo questa tendenza e riteniamo piuttosto che essi debbano essere compresi per quello che realmente sono, per quello che fanno, per quello che dicono, per le loro genuine aspirazioni. Se essi sono in causa, allora tutta la comunità è in questione, a livello civile e a livello ecclesiale. Su di essi, infatti, si riversano con più forte esasperazione le angosce che tutti viviamo, come le esigenze e le attese comuni»[2].

È necessario, invece, accostarci alla questione giovanile, con profonda umiltà, evitando disattenzioni o superficialità. Prima di ogni azione educativa e pastorale occorre ricercare il punto di partenza, cioè si deve osservare attentamente la situazione in cui si è chiamati ad agire; processo non facile, poiché anche noi siamo "dentro" il contesto che vogliamo analizzare[3].

---

[2] CONSIGLIO PERMANENTE DELLA CONFERENZA EPISCOPALE ITALIANA, *Messaggio ai confratelli nell'episcopato e alle loro comunità diocesane* (27-1-1978), n. 10: ECei 2, 2981-3000, qui 2996.

[3] Cfr. G. RUTA, *Progettare la pastorale giovanile oggi,* Leumann (Torino) 2002, 38.

Troppo spesso, infatti, gli educatori tendono a saltare il momento di analisi della situazione giovanile, privilegiando ciò che dei giovani pensano rispetto a ciò che essi veramente sono.

Ormai tutti hanno imparato che, per fare progetti, avanzare proposte, suggerire priorità, è indispensabile partire dall'ascolto della realtà. Proposte e progetti, non radicati saldamente sulla conoscenza attenta della situazione, sono destinati a lasciare il tempo che hanno trovato, scivolando nel generico e nel vago. L'ascolto poi non è mai «un'impresa facile, perché c'è sempre il rischio di far finta di ascoltare, pretendendo di conoscere già la risposta. Inoltre, dei giovani si può parlare in tanti modi e a partire da tanti contesti»[4].

Per conoscere autenticamente i giovani è necessario comprendere il contesto in cui sono immersi e certamente la complessità della nostra società è un punto di partenza, da cui iniziare ad ascoltare, per non dare valutazioni affrettate e soluzioni educative che rischiano di comunicare poco o niente ai nostri giovani.

Nell'indicare e designare le società occidentali, la nozione di società complessa è diventata un termine simbolico, un'importante chiave interpretativa dell'intera problematica sociale e teorica.

Spesso, come avviene in queste circostanze, il termine e la problematica rischiano una «caduta semantica», cioè una perdita della propria specificità concettuale. «Nella sua più estesa accezione, complessità, tende comunque a diventare il termine più corrente per definire la molteplicità degli elementi presenti in una società, la loro dinamicità, ma anche la loro ineliminabile incoerenza»[5].

Si fa ricorso al termine complessità per qualificare un sistema sociale contrassegnato da assenza di prospettiva, di prevedibilità, da crisi profonde senza sbocchi risolutivi. «Complessità è quindi sinonimo di irriducibilità ad un unico criterio di indagine conoscitiva o di intervento pratico, dato che una

---

4 R. TONELLI, *Essere giovani in questo tempo: una ricerca... per non sbagliare terapia,* in *Credere Oggi* 4/2009, 23.

5 V. CESAREO, *Società complessa e cultura di massa*, in *Aggiornamenti Sociali* 40 (1989), 388.

esplorazione di un sistema complesso chiama in causa e mobilita la compresenza di una pluralità di punti di vista, di prospettive esplicative, ciascuna adatta a rendere conto di aspetti particolari»[6].

Società complessa non significa disintegrazione e esplosione del sistema sociale, ma perdita di comune identità, di condivisione di mete collettive, con una maggiore emergenza di interessi particolari e immediati. Essa porta con sé una situazione di crisi congenita, anche se permangono equilibri precari e instabili che, se permette al sistema di sopravvivere, non crea sempre condizioni di maggiore solidarietà e partecipazione[7].

A livello macro sociologico, il termine indica lo stato di un sistema sociale che presenta al proprio interno una quantità di relazioni che sono talmente numerose da non permettere una descrizione unitaria del sistema stesso.

A livello micro sociologico, invece, il termine sta a indicare un sistema sociale che offre possibilità di scelta e di conoscenza che sono superiori alle capacità di scelta e di conoscenza possedute da qualsiasi membro del sistema stesso.

Ciò significa che si creano condizioni per cui norme, regole e valori, funzionali al sottosistema che le ha prodotte, hanno rilevanza all'interno di un singolo sottosistema, senza dover necessariamente valere e avere significato anche all'interno di altri [8].

Sotto il profilo delle implicazioni culturali[9] la società complessa si connota sempre più per il venir meno di norme e valori che valgono in modo universale e che sono considerati immutabili. «In questo contesto ogni norma

---

6 F. PARDI, *Complessità,* 421.

7 «Col termine società complessa si intende descrivere una realtà composta da tendenze ambivalenti, che risultano tra loro incompatibili e irriducibili; una realtà in cui uno stato di integrazione precaria orienta, ma sarebbe meglio dire costringe a scelte parziali e di medio termine, caratterizzate da scarsa capacità pervasiva, e il cui esito sociale appare nel segno della non risolubilità», F. GARELLI, *La condizione giovanile nella società complessa*, in Aggiornamenti Sociali 42 (1991), 540.

8 Convinto sostenitore di quest'orientamento interpretativo della realtà sociale è Niklas Luhmann. A tal proposito cfr. N. LUHMANN, *Illuminismo sociologico*, Milano 1983.

9 Cfr. V. CESAREO, *Società complessa e cultura di massa,* 388-389.

assume piuttosto un carattere tecnico, procedurale, valevole limitatamente a obiettivi temporanei e specifici dei singoli sottosistemi»[10].

C'è da ritenere che questo processo, che modifica il sistema delle norme e dei valori, sia in relazione, sul piano filosofico e intellettuale, con il declino della solarità della ragione moderna e dei modelli del pensiero forte, e con il prevalere di manifestazioni del pensiero debole. In questo modo nessun modello culturale appare egemonico, mentre si assiste al moltiplicarsi di sempre più numerosi modelli culturali dalla durata sempre più breve. Inoltre, lo scenario attuale ci propone una società dei media, in quanto al suo interno assumono particolare rilievo i mezzi di comunicazione.

Basti pensare ai nuovi mezzi di comunicazione che sono sempre più in grado di personalizzare le informazioni. Un numero sempre crescente di persone, da semplice oggetto passivo e fruitore di cultura, ne diventa anche produttore: è, come viene definita, la rivoluzione silenziosa del microprocessore.

Il sociologo italiano Giancarlo Milanesi, ha definito alcuni parametri del modello di tale società complessa[11]. Un primo parametro è anzitutto un pluralismo avanzato e accentuato, che «si presenta come un fatto problematico, tanto più che in questo tipo di società il principio del pluralismo a oltranza viene legittimato ed estremizzato in modo illimitato»[12].

Questa estrema pluralità di centri conferisce ai valori un fondamento precario e parziale, paralizzando in alcuni casi scelte di vita definitive e progettuali: di qui l'identificazione della società complessa come società acentrica.

La complessità nasce dalla molteplice articolazione del pluralismo delle culture e dei valori, che rende difficile l'identificazione della società come un tutto statico o monolitico; «a causa della complessità, l'individuo vive uno

---

[10] Ivi 388.

[11] Cfr. G. MILANESI, *I giovani nella società complessa. Una lettura educativa della condizione giovanile,* Leumann 1991, 21-24.

[12] *Ivi* 21.

stato di smarrimento, di perdita di punti di riferimento, di crisi di valori e dei sistemi di pensiero che tradizionalmente gli offrivano la capacità di prevedere l'esito delle sue azioni e quindi di ipotizzare il suo futuro prossimo e lontano»[13].

In questo modo l'uomo rimane prigioniero del presente, senza poter tendere al futuro, né progettarlo; il quotidiano diventa l'unica ragione per cui sopravvivere, con un'affermazione piena della sua autonomia, dove i fatti e le situazioni non sono legati temporalmente tra loro, ma solo rinchiusi **nell'hic et nunc,** nel qui e ora. Solo il presente, vissuto nella sua quotidianità, dà possibilità di gestire la vita nella felicità e nel piacere.

Tale concentrazione sulla vita quotidiana costituisce un ulteriore orientamento diffuso, che a sua volta comporta uno scarso interesse per il futuro e si traduce nella ridotta progettualità, legata all'incertezza del domani: «al dio del lavoro e della conquista del mondo, Prometeo, si starebbe sostituendo una divinità più ludica, più estetica, più effervescente: Dionisio»[14].

Per questo motivo, la realtà che veramente conta è sempre più quella organizzata attorno al qui del mio corpo, dei miei bisogni e desideri immediati, e all'ora del mio presente. «Non si tratta qui del rifiuto di una certa visione dell'uomo e della vita, come poteva avvenire un decennio fa, ma del rifiuto del fatto che l'uomo debba porsi in modo progettuale e coerente di fronte alla sua avventura nel mondo, che debba cioè pensare al senso della sua vita come quello di una storia individuale dentro una storia sociale»[15].

Un ulteriore parametro della società complessa è una particolare mobilità, che determina un cambio rapido dei processi di aggregazione. La società che «si presenta pertanto come una rete di rapporti sociali piuttosto allentati,

---

[13] R. TONELLI - L. A. GALLO - M. POLLO, *Narrare per aiutare a vivere. Narrazione e pastorale giovanile*, Leumann 1992, 87, in particolare il IV capitolo.

[14] V. CESAREO, *Società complessa e cultura di massa*, 393.

[15] R. TONELLI - L. A. GALLO - M. POLLO, *Narrare per aiutare a vivere*, 89.

entro cui i processi sociali perdono progressivamente specificità a favore di una diffusa plasticità e provvisorietà delle appartenenze, dei punti di riferimento, dei sistemi di valore»[16].

Quest'enfasi sul cambiamento conduce l'uomo a considerare normale non più la stabilità ma la variabilità e la provvisorietà e, con essa, la reversibilità nei rapporti sociali, per cui scelte un tempo considerate immutabili, tendono a diventare reversibili sia nella sfera affettiva, che nell'ambito lavorativo e dei consumi.

Anche il consumismo diventa un parametro ulteriore per comprendere la società complessa: tutto è lecito consumare, tutto ciò che esiste può essere consumato; «questo porta le persone a non selezionare più le offerte di consumo che la vita quotidiana propone loro; nella loro coscienza nasce la convinzione che è lecito e normale consumare tutto, in quanto è sufficiente l'esistenza stessa dell'offerta per legittimare il consumo»[17].

Di conseguenza, a rendere una società complessa non è tanto il suo estendersi geografico o demografico, quanto il moltiplicarsi di situazioni, di sfide, di molteplicità e di diversità di atteggiamenti di fronte al manifestarsi sempre nuovo di eventi come le trasformazioni culturali, la crisi dei valori, la crescente domanda di senso dopo le cadute dei sistemi ideologici della modernità, il sopraggiungere della post-modernità, il New Age.

Potremmo in sintesi affermare che i caratteri della società complessa sono[18]: un'estremizzazione del pluralismo in linea di principio, la mancanza di un fondamento stabile in senso etico-valoriale, pertanto la non governabilità degli elementi che pongono il sistema.

---

[16] G. MILANESI , *I giovani nella società complessa*, 22.

[17] R. TONELLI - L. A. GALLO - M. POLLO, *Narrare per aiutare a vivere*, 80

[18] Cfr. G. MILANESI, *Tendenze della religiosità italiana*, in *Note di Pastorale Giovanile* 10 (1986) 4-11.

2. Dalla società complessa al mondo giovanile.

Tra le conseguenze della complessità la prima è la relativizzazione dei processi di socializzazione, che implica la crisi dei contenuti trasmessi, dell'identità e dei ruoli dei trasmettitori; nonché l'emergere di una dimensione debole verso la realtà, intesa come necessaria qualità del vivere individuale e sociale.

La complessità ha una sua influenza anche sui processi educativi religiosi, sia nella privatizzazione del fenomeno religioso sia nella relativizzazione dei sistemi di valori trasmessi dalla fede.

Come le trasformazioni sociali hanno influenzato le nostre generazioni, quali i rapporti nella famiglia, nella scuola, con i propri amici?

Tentiamo una lettura per imparare, non solo a stare con i giovani, ma per comprendere e per dialogare con il mondo giovanile che, per tanti versi, si presenta frastagliato e diviso.

2.1. L'identità debole: il senso della vita

Il mondo giovanile scandisce la sua esistenza in atteggiamenti che rappresentano in termini soggettivi la varietà e la complessità del nostro sistema sociale, come la molteplicità di appartenenze, di condizioni di vita, di riferimenti culturali. La realtà dei giovani d'oggi è molto simile a un grande arcipelago differenziato, in cui è possibile, però, intravedere delle linee di tendenza comuni. Si fa sempre più fatica a parlare di gioventù, di giovani, di condizione giovanile partendo dall'idea dell'esistenza di una realtà omogenea, su cui poter fare discorsi precisi e semplificati attraverso schemi unitari e sistematici; questo perché «la realtà giovanile si è fatta sempre più sfuggente sia per la relativa mutevolezza delle condizioni di vita e della soggettività giovanile, sia per la persistente frammentazione delle appartenenze sociali e delle esperienze individuali e collettive»[19].

La fine delle grandi utopie ideologiche, con le relative certezze, la marginalità indotta dalla crescente disoccupazione, il prolungamento dell'età dell'adolescenza nella giovinezza, la crisi della famiglia e della scuola che non prepara al lavoro, spingono i giovani alla ricerca di condizioni che soddisfino i propri problemi appagando il bisogno e l'esigenza di recuperare la propria identità, mediante scelte dove sia possibile decidere da sé.

Il modo di collocarsi tra gli altri nella società, diventa funzionale al forte desiderio di sentirsi felici, vivendo alla giornata e afferrando l'attimo fuggente, evitando spesso progetti a lungo termine e totalizzanti.

È un'identità debole, che da un lato si adatta alle diverse condizioni, proprie della complessità, vivendole con tolleranza e pragmatismo, e dall'altro si piega alle varie circostanze lasciandosi affascinare acriticamente da persone e da proposte effimere da consumare nell'immediato presente.

I giovani, così, articolano la loro esistenza in molti gruppi e ambienti, piuttosto che confinarla all'interno di un solo ambito prevalente o esclusivo; in ognuno di questi ambienti il giovane può assumere atteggiamenti e comportamenti autonomi, in relazione con quelli espressi in altri ambiti.

Tutto ciò costituisce per le giovani generazioni un humus abitativo di riferimento caratterizzato dal pluralismo di modelli di realizzazione, che viene vissuto attraverso scelte e orientamenti di carattere parziale e contingente, che non hanno nessuna pretesa di validità assoluta. «Questa separatezza di interessi e di campi di investimento è funzionale a un modello di realizzazione vario e articolato, secondo una prospettiva a mosaico [...]. Si è di fronte a un giovane che compone contemporaneamente più condizioni di vita, attento a far sì che la sua esistenza non si riduca all'interpretazione di un solo ruolo, di una sola condizione»[20].

---

[19] G. MILANESI, *Il rischio della marginalità: un modo di leggere la situazione giovanile,* in *Note di Pastorale Giovanile* 22 (1988), 39.

[20] F. GARELLI, *La condizione giovanile nella società complessa*, 541.

La ricerca di senso da dare alla propria esistenza non passa più attraverso valori assoluti e perenni, né attraverso le istituzioni, ma matura al di fuori o senza di esse, attraverso processi di socializzazione intersoggettivi e interpersonali, quali la relazione a due e il gruppo.

Si potrebbe dire che la ricerca di senso si sviluppa attraverso la cosiddetta cultura della panchina, del viale, del muretto, cioè all'interno di innumerevoli microcosmi giovanili. In essi, la ricerca non matura a livello di idee, ma si realizza nell'esperienza e nel vissuto, non nel confronto con valori oggettivi, ma attraverso valorizzazioni personali, per cui la coerenza è strettamente legata alla singola persona e alla propria vita nel tentativo di essere felice.

Questo atteggiamento ha la sua causa nel clima culturale che stiamo vivendo, segnato dal pluralismo di modelli di riferimento e dal soggettivismo, per cui risulta problematico per i soggetti riferirsi a criteri univoci; «il fenomeno della frammentarietà degli orientamenti e degli stili di vita, la caduta della progettualità, la difficoltà di individuare alcuni criteri portanti, farebbero ipotizzare il determinarsi di un orientamento culturale labile, dai confini imprecisi, il venir meno dei riferimenti di vita coagulanti, in grado di ricondurre a unitarietà le varie manifestazioni di vita e gli orientamenti»[21].

Prevale, allora, una ricerca di senso non tanto nella dimensione dell'ottimale, del massimo raggiungibile, quanto del realizzabile, che costringe i giovani a risposte parziali e mai risolutive al problema del senso e dell'identità; si abbandonano, quindi, le prospettive totalizzanti e onnicomprensive, con modelli carichi di razionalità e di progettualità, per affidarsi a una ricerca che non superi i confini della quotidianità.

«Ad orientare questi giovani è piuttosto una realizzazione differenziata e articolata per momenti dell'esistenza, vissuti non in scansione successiva, ma in parallelo e in compresenza, e un disincanto che induce a misurarsi su

[21] *Ivi* 542.

frammenti di problemi, senza alcuna tensione generale, ma in carenza anche di quella tensione specifica instaurata, in genere, tra norma e comportamenti»[22].

Siamo di fronte a quell'orientamento definito di corto respiro, di debole intensità, che non ha più la caratteristica dell'irreversibilità che caratterizzava alcune scelte del passato; siamo di fronte a una condizione giovanile assai labile a perseguire cammini personalizzati, capaci di facili adattamenti, tipico di «soggetti che rinunciano ai grandi ideali o alle forti tensioni per affidarsi a una ricerca di senso possibile, negli spazi in cui il soggetto è più in grado di determinare le condizioni della propria esistenza»[23].

Ed è facile incontrare la compresenza, in uno stesso soggetto, di valori che appaiono tra loro incongruenti, come l'affermazione di valori sociali che coesiste con realizzazioni individualistiche; come se ci fossero due livelli di riferimento diversi, una dialettica tra essere e dover essere, che svolgono funzioni differenti che non sempre si raccordano: «l'ipotesi è che si abbia a che fare con due diverse modalità di far fronte al problema del senso a cui un soggetto si affida alternativamente a seconda delle circostanze.

L'identità originaria, il livello del dover essere, la sfera dell'identità fanno riferimento a obiettivi e valori diversi da quelli che governano la sfera dell'ordinario e della quotidianità»[24].

2.2. Gli orizzonti giovanili delle scelte di vita

In questo contesto, sia nella formulazione della propria identità che nella ricerca di senso, assume una rilevanza particolare la categoria dell'esperienza, del vissuto, della prassi. La verità delle idee e delle norme è reale e vera nel momento in cui è possibile concretizzarla e sperimentarla; questo genera il rifiuto di scelte irreversibili e un certo nomadismo sociale,

[22] G. BIANCHI - R. SALVI, *Gioventù*, in *Nuovo Dizionario di Sociologia*, Cinisello Balsamo 1987, 935.
[23] F. GARELLI, *La condizione giovanile nella società complessa*, 545.
[24] *Ivi* 547.

per cui vi è sempre spazio per sperimentare e per cambiare spesso appartenenze associative.

Di conseguenza, «là dove l'esperienza ha un primato complessivo, è il soggettivo a imporsi come norma e, nel novero dei tempi, è il presente (oltre che il quotidiano) a prevalere, a scapito del futuro, della sua percezione come altro dall'oggi e della disponibilità a costruirlo»[25].

Queste affermazioni, che rilevano alcune linee di tendenza dei giovani, non hanno nessuna pretesa di essere onnicomprensive della condizione giovanile, essendo difficile trovare una possibile interpretazione esaustiva ed esauriente di tutti i giovani; talune espressioni, quindi, vanno adottate sapendo di non poter racchiudere tutta la condizione giovanile.

Non c'è dubbio che il quattordicenne, come il venticinquenne o il trentenne, vive condizioni giovanili molto differenti e, di conseguenza, anche il modo di percepire e agire nella realtà è molto differente: è facile mischiare tra loro i processi di formazione della personalità e quelli di socializzazione alla società degli adulti: «il decidere dove terminano processi di maturazione della personalità e dove cominciano ad agire i processi dinamici impliciti del sistema sociale e più in generale dove cominciano per un altro verso i mutamenti di rigidità e di senilizzazione della personalità è estremamente problematico determinare»[26].

I giovani rappresentano, da sempre, l'elemento dinamico sul quale fare perno, piuttosto che le generazioni più anziane che attualmente occupano i posti e i ruoli chiave di questa società in movimento; «infatti il giovane è positivo nel giudicare il lavoro, il rapporto con gli altri e gli strumenti politici esistenti; inoltre il tempo libero è dominato da motivazioni espressive ma anche proiettate verso la dilatazione di sé verso gli altri, e sembrano intravedersi valori sociali nuovi»[27].

Le varie categorie interpretative della realtà giovanile che, in passato, si

---

[25] G. BIANCHI - R. SALVI, *Gioventù*, 935.

[26] A. GASPARINI, *Giovani verso la società futura*, Milano 1987, 29.

[27] *Ivi*, 31.

sono succedute nelle analisi sociologiche, difficilmente riescono ad adattarsi alla pluralità di situazioni, e a definire i giovani.

Alcune di queste categorie, in genere, hanno quadri concettuali di riferimento riconducibili ad alcune alternative o coppie oppositive[28]: una di queste è quella che considera i giovani in termini di lontananza o di vicinanza rispetto al modello dei padri, cioè di continuità o meno ai riferimenti e agli atteggiamenti di vita degli adulti; una seconda dicotomia ricorrente è quella che attribuisce alle giovani generazioni un orientamento di vita a marcata accentuazione materialistica o post-materialistica, borghese o post-borghese; infine una terza categoria considera i giovani sulla base di una valutazione dicotomica positivo o negativo.

Milanesi considera improprio adottare il termine "condizione giovanile", perché richiama un soggetto storico e sociale dalle caratteristiche precise e definibili, e propone, invece, di utilizzare la categoria di strato sociale, definendo i giovani come «uno strato di popolazione caratterizzato sostanzialmente da attribuzioni di età, i cui limiti tendono a fluttuare e a espandersi, come effetto di certe dinamiche tipiche delle società caratterizzate da alti livelli di divisione del lavoro (e cioè di articolazione interna, strutturale e culturale), le cui conseguenze sono generalmente problematiche»[29].

2.3. I giovani e il mondo degli adulti

Nella realtà culturale in cui siamo immersi non è più chiaro il significato dell'autorità e il senso dei ruoli sociali ed educativi. Questo è forse il segnale più evidente del cambiamento per chi si occupa di educazione dei giovani. Non basta più l'etichetta delle istituzioni o delle figure educative per generare rispetto e obbedienza. In particolare, la figura dell'educatore (insegnante, genitore…) non viene più concepita dal giovane come punto di

---

[28] Cfr. F. GARELLI, *La condizione giovanile nella società complessa*, 537-539

[29] G. MILANESI, *I giovani nella società complessa*, 17.

riferimento per la propria crescita.

La stessa figura dell'adulto vive in un'ambiguità di fondo, difficile da ricomporre. Anche l'adulto palesa sempre di più il desiderio di rimanere egli stesso giovane, mentre il giovane rinvia sempre di più il passaggio all'età adulta e all'assunzione di responsabilità.

In questa crisi di ruoli e autorevolezza, la trasmissione dei valori diventa imperfetta e confusa. Non si possono considerare fermi i valori e gli ideali che vengono tramandati da chi non ha autorevolezza o non riesce a mostrarne con atteggiamenti concreti la serietà.

Valori, virtù, ideali non sono più percepiti come importanti, ma piuttosto sospettati dai giovani come realtà astratta che limita la libertà. In questa mancanza di autorevolezza generale, l'unico criterio attendibile per la persona rischia di diventare quello soggettivo. Tutto ciò che, come i valori, prevede sacrificio, perseveranza, sobrietà, viene a maggior ragione sottoposto al sospetto: se costa così tanto non è più in sé un valore.

Così, allentandosi lo strumento di discernimento che sono i valori, le molteplici proposte di senso che si presentano ai nostri giovani si collocano sullo stesso piano: la fede, per ragioni di rispetto e di supposta libertà, dev'essere messa sullo stesso piano dello shopping terapia. Diventa allora molto difficile per un giovane districarsi tra le mille proposte, in particolare per quelli che non si fidano facilmente del mondo adulto.

Tutto questo incide sul modo di concepire le relazioni, in particolare quella primaria tra il giovane e l'adulto.

La spaccatura è incrementata dal fatto che i linguaggi sono così diversi da scoraggiare ogni tentativo di dialogo. La distanza è grave ed evidente e si trasforma prima di tutto in ribellione. Le nuove tecnologie e il mondo delle relazioni virtuali sono un nuovo terreno di relazioni per i giovani, dal quale gli adulti sono tagliati fuori. Sarà pure discutibile la relazionalità della comunicazione via "sms", ma è un fatto; e da questo gli adulti rischiano di rimanere esclusi.

È tramontato anche il riferimento territoriale: l'urbanizzazione, la perdita delle tradizioni locali e la globalizzazione hanno privato le persone del loro senso di appartenenza a un territorio. L'appartenenza si basa ora su preferenze e gusti, tra l'altro variabili.

Sembra anche scomparire l'idea rassicurante che si possa progettare per la propria vita un futuro solido e preciso. L'insegna della flessibilità oscura le decisioni "per sempre" e "definitive" e lascia spazio a una sorta di vita in multitraccia.

Questo rende soprattutto i giovani incapaci di assumersi responsabilità e talvolta sono persino spaventati di fronte al futuro perennemente incerto. È tramontata anche l'idea di una realizzazione globale di sé da perseguire tenacemente e unitariamente.

Adulti e giovani sono sempre impegnati su molti fronti: il tempo della nostra esistenza è frammentato, ma non sempre involontariamente.

Si preferiscono grandi happening, esplosivi di emozioni, ma assolutamente non autorizzati a lasciare troppo il segno. Non per questo sbiadiscono i sentimenti e le emozioni, che ci sono, anche forti: c'è, però, poca dimestichezza per parlarne mentre si diffonde l'abitudine di dare loro voce sui media per trasformarli in spettacolo.

Nel complesso, l'impressione che si ricava è quella di un universo ricco di energie e dai valori più consolidati di quanti drammatici fatti di cronaca lascino pensare, ma anche carico di insicurezze e di insoddisfazioni, che deve imparare a convivere con numerose contraddizioni.

Gli anni che stiamo vivendo sono caratterizzati dal rifugio nel privato, dalla ricerca di sicurezze nel mondo degli affetti e dalle strette relazioni con il mondo sociale più immediato; tanto è vero che famiglia, amore e amicizia costituiscono i pilastri del sistema di valori delle nuove generazioni.

3. I contesti e le sfide per comunicare e cercare la fede oggi.

Oggi non si diventa più cristiani attraverso le modalità di socializzazione religiosa che erano state valide per tanti secoli; sono saltati i canali di trasmissione intergenerazionale, e la fede è diventata una scelta soggettiva, frutto di una scoperta e decisione personale.

Il problema, anche se marcatamente europeo o, per meglio dire, occidentale, non è esclusivo. Questa situazione di secolarizzazione, indifferenza e diffidenza è presente soprattutto nel mondo occidentale, ma purtroppo si sta estendendo rapidamente anche ad altri continenti o contesti attraverso una cultura globalizzata, marcata da una visione materialista e individualista della vita[30].

3.1. Cercare la fede con la passione giovanile: quale comunicazione sensata di Cristo?

Le inchieste sui giovani mettono in evidenza che tra loro non esiste una vera crisi della religiosità e della ricerca di senso; esiste anzi un gruppo notevole di giovani che avvertono il bisogno di scavare nella dimensione della spiritualità per trovare l'equilibrio e l'armonia personale in questo mondo frenetico, frammentato e in rapida evoluzione.

Certo, la dimensione religiosa tende a essere relegata nella sfera del privato e a essere assorbita dentro la logica della soddisfazione dei bisogni individuali. Si tratta di una religiosità a uso individuale, per il conforto personale; una religione di consolazione e non di responsabilità, che

---

[30] Cfr. COMITATO PER IL PROGETTO CULTURALE DELLA CONFERENZA EPISCOPALE ITALIANA (cur.), *La sfida educativa. Rapporto-proposta sull'educazione*, Bari 2009; G. ANGELINI, *Educare si deve, ma si può?*, Milano 2002; C. BUZZI - A. CAVALLI - A. DE LILLO, *Rapporto giovani. Sesta indagine dell'Istituto IARD sulla condizione giovanile in Italia*, Bologna 2007; C. BUZZI - A. CAVALLI - A. DE LILLO, *Giovani del nuovo secolo. Quinto rapporto IARD sulla condizione giovanile in Italia*, Bologna 2002; A. CAPRIOLI, *Educare oggi*, Reggio Emilia 2009; A. DAL LAGO - A. MO- LINARI (curr.), *Giovani senza tempo. Il mito della giovinezza nella società globale*, Verona 2001

coinvolge l'aspetto emotivo e quello psicologico e agisce come una sorta di solletico spirituale perché mette in gioco i sentimenti, la passionalità, il coinvolgimento emozionale, ma trascura i valori che servono a sostenerla nel tempo, come la fedeltà, la costanza, la coerenza delle scelte, l'assunzione di responsabilità, i progetti di vita.

È una religiosità non istituzionale, ma privata, con presenza di credenze eterogenee e talvolta formalmente incompatibili. I giovani percorrono, così, una continua migrazione spirituale da un'esperienza a un'altra, nel ripetuto tentativo di abbeverarsi di nuove emozioni, più o meno mistiche, che li soddisfano individualmente, ma non placano mai la sete, perché ogni scelta viene presto abbandonata nel momento in cui arriva il peso da sostenere, la comunità da incontrare o con cui confrontarsi.

Una religiosità, inoltre, distaccata dall'etica e dalla formazione della propria identità: se in epoche precedenti la fede religiosa era collegata all'etica e all'impegno per la trasformazione del mondo, oggi è collegata all'estetica e allo spirito di convivenza e comunione.

In questo senso l'identità religiosa dei giovani diviene un'identità-rifugio, senza un vero approfondimento interiore, spirituale ed etico.

In tutte le ricerche si sottolinea l'efficacia della partecipazione associativa per la costruzione di un'identità religiosa personale, favorendo la formazione e l'adesione di fede, il cammino religioso personale e anche la pratica sacramentale. Resta fermo il dato della larga fascia di giovani che manifesta una rilevante disponibilità a un discorso religioso, che tuttavia deve evolvere verso forme più mature di identificazione e di appartenenza.

Per questo è urgente rinnovare l'offerta religiosa delle Chiese, in questo anno della fede, avendo come obbiettivi alcune priorità: superare una razionalità strumentale, sviluppando la dimensione estetica e mistica della fede, spezzare una burocratizzazione alienante, promuovendo la dimensione di comunità e d'incontro personale, affrontare l'assenza di cuore e di esperienza con un maggiore sviluppo del linguaggio simbolico e affettivo, e una maggiore presenza di esperienze di vita condivise.

Come sono i giovani che incontriamo nelle nostre città? Quali i loro desideri, i loro bisogni? Visti da lontano sembra che siano una realtà grigia e informe, ma se ci si avvicina la loro condizione prende la forma di arcipelago, dove sono individuabili delle precise caratteristiche. I giovani hanno i loro spazi, stanno in un loro mondo, che gli è stato loro assegnato, piuttosto che da loro creato.

Le grandi scelte (matrimonio, professione) tendono a essere sempre più spostate in avanti; ciò ritarda il loro ingresso nel mondo degli adulti, per cui rischiano di essere cresciuti, ma non integrati. Questo essere cresciuti, unito a una sorta di non aver voce e spazio, tende a manifestarsi in alcuni esiti precisi: la violenza verso se stessi (i suicidi), l'aggressività contro la società e i suoi simboli, l'aumento di malattie psicosomatiche (anoressia, ansia, depressione).

Il paradosso potrebbe essere così definito: ci sono ma non esistono.

La mancanza di prospettive di lavoro, la paura del futuro, la precarietà affettiva sembrano segnare la condizione giovanile da una crisi, che sembra cronica. Il non poter sfondare il futuro porta un ripiegamento assoluto sul presente, quasi come se fossero aggrappati all'oggi: non c'è lo sguardo alle radici, al passato, alla storia.

Pare che non siano preoccupati di mettersi in viaggio verso l'isola che non c'è, ciò che conta è l'attimo fuggente. Senza memoria e senza sogni: è quello che anche la civiltà della comunicazione sta creando; basti pensare a internet, che ha scavalcato i fondamenti dell'essere e del pensare umano, spazio e tempo. Non c'è più spazio che non possa essere navigato in un attimo.

Crescono le opportunità di comunicazione, ma diminuisce inesorabilmente la comunicazione: le parole sono così tante che manca la vera comunicazione tra marito e moglie, tra genitori e figli, c'è il rischio di diventare impermeabili e di rinchiudersi nel proprio guscio, essere out - off, cioè restare fuori e spenti.

Gran parte della comunicazione passa attraverso i mass media: è una comunicazione accattivante e superficiale, dove prevale la forma più del contenuto. I giovani sono abituati a questo tipo di comunicazione e trovano spesso difficoltà a comunicare al di fuori di questi canali. Tale comunicazione può sottrarre tempo alle relazioni interpersonali: bisogna conoscere lo stesso idioma, anche se questo non garantisce sempre lo scambio verbale.

Di conseguenza, la comunicazione privilegiata è quella dei gesti, corporea, del look, dei graffiti. Anche la musica, e con essa la discoteca, sembra offrire delle risposte alle esigenze dei giovani, dove funzionano codici di comportamento legati al contingente e all'immediato.

La caduta delle ideologie ha i suoi vantaggi per educare i giovani a una mentalità evangelica: sanno demitizzare la pretesa di spiegare il tutto e colgono bene, in maniera forte, tanto da esserne presi, alcuni valori quotidiani come il senso del limite, la sofferenza, la caducità delle cose.

L'essere ammaliati e catturati dal presente li fa vivere con più pulsioni e desideri, legando il loro vissuto alle sensazioni e alle emozioni. Ciò li rende vulnerabili al rischio di non giungere all'età della razionalità, rimuovendo gli interrogativi più profondi e vedendo tutto attraverso il filtro dell'emotività.

Sono, inoltre, molto in auge i valori che ruotano attorno alla soggettività: famiglia, amicizia, comunicazione interpersonale. Sembra non siano interessati a fare il viaggio intorno al mondo, bensì più semplicemente intorno al sé. La difficoltà di integrazione sociale alimenta un'identità non compiuta, ecco la necessità di prevedere spazi di ascolto e percorsi di accompagnamento che aiutino a maturare la definizione di sé e la progettualità, disponendo di valori presenti tra i giovani, come l'immediatezza, la semplicità, la solidarietà, l'attenzione all'altro, la cura della propria e altrui persona.

3.2. L'orizzonte dei significati

Sembrano emergere alcuni segni e tendenze nuove che fanno guardare con atteggiamento di speranza e di fiducia verso l'orizzonte di vita dei nostri giovani, anche se bisogna continuamente scrutare con un atteggiamento di chi sa che l'orizzonte resta sottile, ricco di promesse, ma non del tutto nitido[31].

Da un lato, il materialismo esasperato sembra stia tramontando a favore di una nuova ricerca di senso, dall'altro l'insoddisfazione, generata anche dal clima di precarietà nel lavoro e negli affetti, si sta trasformando in desiderio di agire con più autenticità.

Si può parlare pure di una certa sete di spiritualità, anche se venata da ambivalenza tra la ricerca di assoluto e quella, più o meno consapevole, di benessere; si può parlare anche di una certa disponibilità al mondo religioso, che convive con un esplicito rifiuto del volto istituzionale delle Chiese.

Si avverte infatti il bisogno di essere protagonisti, senza sentirsi giudicati nelle proprie scelte: questo aspetto può essere interpretato senz'altro nel segno del soggettivismo, ma allo stesso tempo afferma in positivo il primato e il rilievo dato alla coscienza individuale[32].

Soprattutto nei giovani più maturi, le scelte importanti della vita sono sempre più frutto di una "presa di posizione" personale, convinta e diretta; di qui la necessità e il desiderio di leggere "nel profondo dell'uomo", come

---

[31] CONFERENZA EPISCOPALE ITALIANA, *"Rigenerati per una speranza viva"* (1Pt *1,3): testimoni del grande "sì" di Dio all'uomo*, Nota pastorale dopo il 4° Convegno Ecclesiale Nazionale (29-6-2007), n. 10: «Comunicare il Vangelo in un mondo che cambia ci chiede di esaminare ogni cosa per tenere ciò che è buono (cfr. *1Ts* 5,21), accompagnando il nostro discernimento con una proposta profondamente positiva, incoraggiante, essenziale, carica di futuro. In tal modo, la chiesa non cesserà di essere amica dell'uomo e allo stesso tempo "segno di contraddizione", presenza profetica che indica una ulteriorità non riconducibile agli orizzonti mondani» (*Notiziario della Conferenza Episcopale Italiana* 4/2007, 141-172, qui 153).

[32] *Ivi* 15: «La "questione antropologica" si inserisce nella più ampia "questione della verità", con cui tutti – credenti o meno – devono confrontarsi. Il diffondersi della sfiducia verso la capacità dello spirito umano di raggiungere una verità non puramente soggettiva e provvisoria, bensì oggettiva e impegnativa, genera non raramente la messa in questione dell'esistenza stessa di tale verità, con la conseguenza di ritenere assurda ogni posizione, a cominciare da quella cristiana, che indichi la via per guadagnarla e ne prospetti le prerogative e le esigenze. È quanto mai necessario, quindi, saper mostrare lo stretto legame esistente tra verità e libertà e come la coscienza umana non esca mortificata, ma anzi arricchita, dal confronto con la verità cui la fede ci fa rivolgere» (*ivi* 160).

anche di sviluppare una progettualità nuova, una creatività feconda.

Un aspetto cruciale e complesso della ricerca di senso va ravvisato nel posto centrale che sta assumendo il corpo: esso viene vissuto, specie nei giovani, come il vero luogo di "elaborazione" della propria identità; in esso si incrociano la sete di bellezza e le suggestioni dell'apparenza, il desiderio di fortezza e le richieste pressanti dell'efficienza, l'appello a esplorare tutta la propria ricchezza espressiva e la tentazione di marchiarsi come un totem della solitudine e dell'incomunicabilità.

In relazione con la ricerca di senso e l'elaborazione dell'identità, segnali che chiedono una certa attenzione vengono anche dal modo in cui si stanno evolvendo la sensibilità maschile e quella femminile, soprattutto quest'ultima: i rapidi cambiamenti culturali che stanno coinvolgendo le giovani donne prospettano domande inedite circa il significato dei ruoli e delle differenze di genere, le forme autentiche della realizzazione di sé, i compiti fondamentali nell'educazione e nella trasmissione della vita e della fede.

Connessa con l'orizzonte dei significati, si sottolinea nel mondo giovanile la singolare passione per la musica, vissuta come modo particolarmente congeniale di esprimersi e comunicare, ma anche come potenziale via di ricerca interiore e di apertura all'assoluto.

3.3. L'orizzonte delle relazioni

Nel campo significativo delle relazioni si respira un bisogno di incontro, una sete di rapporti nuovi, di condivisione di idee forti; si coglie la grande necessità di essere ascoltati, senza giudizi, senza riduzioni banalizzanti; specie nei rapporti tra le generazioni, si avverte l'esigenza di maggior comprensione reciproca.

Laddove si riesce a superare la distanza generazionale, nasce un dialogo e una condivisione feconda, cresce un nuovo senso di corresponsabilità. Il desiderio di adulti che diventino figure di riferimento, quando corrisposto, apre nei giovani disponibilità inaspettate alle regole, al rispetto dei punti fermi e dei limiti, all'apprezzamento dei valori.

L'uso sempre più accessibile e diffuso delle nuove tecnologie sta trasformando profondamente la comunicazione e le modalità di relazione tra persone: consapevoli dell'immensa ricchezza di stimoli e dell'estrema facilità di contatto che internet, cellulari e altri mezzi possono offrire, molti sentono sorgere l'esigenza di saper selezionare e fare buon uso di queste opportunità, perché da strumenti non diventino strumentalizzanti.

Sembra di cogliere anche, tra i giovani, una crescente facilità a spostarsi fisicamente: un interesse per il viaggio, il desiderio di conoscere da vicino terre lontane, pur senza saper distinguere bene tra le esperienze possibili.

Il clima da villaggio globale suscita anche atteggiamenti di chiusura e di rigidità, specie quando il pluralismo delle culture e delle religioni è sperimentato non nello spazio virtuale o nel soggiorno occasionale, ma in quello reale del proprio territorio: si avverte tuttavia anche l'esigenza di una certa elaborazione culturale, che sappia almeno evitare il relativismo o il sincretismo tanto quanto la negazione o la contrapposizione delle identità.

Nei confronti delle situazioni sociali di bisogno resta significativa l'apertura al volontariato e la disponibilità a vivere esperienze di incontro con le povertà vecchie e nuove. Anche il rapporto con la natura si sta lentamente trasformando: sembra di cogliere più attenzione e sensibilità per l'ambiente e la sua custodia.

3.4. La crescita di una domanda religiosa "nuova"

Nella maggior parte delle società occidentali, alla crisi delle ideologie che ha caratterizzato la fine del secolo scorso è corrisposta la crescita del bisogno religioso. Nonostante i teorici della secolarizzazione avessero pronosticato l'estinzione della religione nelle società evolute, essa non solo non è scomparsa, ma conosce un interesse e una diffusione impensabili solo qualche anno fa[33].

Nel caso italiano, alla persistenza di alcuni indicatori quantitativi si aggiungono fenomeni difficilmente ignorabili: si pensi, ad esempio, ai funerali di Giovanni Paolo II, al proliferare di fiction televisive di stampo agiografico, all'offerta di esperienze e vacanze di carattere spirituale.

Il mondo giovanile è sicuramente in prima linea nell'interpretare tale crescita del sentimento religioso.

Sarebbe però errato ritenere che la secolarizzazione non abbia influito sulla religione; se non ne ha determinato la scomparsa, ne ha però causato la trasformazione: l'atteggiamento dei contemporanei è infatti assai diverso dal passato. Esso si caratterizza per alcune caratteristiche peculiari del nostro tempo, come degli indicatori di direzione, che interessano tutte le fasce d'età, ma che sono vissute in modo eminente dai giovani.

Certamente i giovani chiedono nuovi gesti che bisogna inaugurare per permettere loro di vivere il senso della loro nuova domanda religiosa. Tra questi almeno tre:

a) Una proposta di fede che sia in ascolto dei segni dei tempi, più attenta all'uomo, all'ambiente, alla storia; non annullando il passato, ma valorizzando tutta la tradizione in funzione del futuro, quindi una proposta più rinnovata e aggiornata.

b) Una fede inculturata, che sia capace di dare delle risposte o almeno delle spinte alla soluzione di problemi sociali del tempo e del luogo in cui vivono. I giovani chiedono una religiosità non legata alla politica dei padroni, soggetta alle strumentalizzazioni del potere, ma fonte di libertà e di autonomia.

c) Una proposta di fede ricca di valori umani e di contributi etici, non

---

[33] Cfr. R. STARK - M. INTROVIGNE, *Dio è tornato. Indagine sulla rivincita delle religioni in Occidente,* Casale Monferrato (Alessandria) 2003; M. CORRADI, *Parla Garelli: «La secolarizzazione si è fermata». Dio non è più morto*, in *Avvenire* del 22 luglio 2003; M. POLITI, *Il ritorno di Dio. Viaggio tra i cattolici d'Italia*, Milano 2004.

come dottrina moralistica, ma un giusto equilibrio tra insegnamento teologico e orientamento etico, tra fede e vita.

«I giovani chiedono di non essere lasciati soli. Hanno bisogno di qualcuno che sia loro vicino, senza però essere loro uguale. È perciò indispensabile formare educatori e guide spirituali, sacerdoti, religiosi e laici, in grado di accompagnarli nel cammino personale e di gruppo, disponibili a loro volta a lasciarsi educare dagli stessi giovani, dalle loro attese e dalle loro ricchezze [...]. La formazione sia attuata mediante itinerari, differenziati per età e per situazioni esistenziali, impegnativi ed esigenti, ma rispettosi della gradualità»[34].

4. Itinerari possibili e proposte credibili.

In linea molto generale occorre valorizzare e coinvolgere in un comune impegno tutte le risorse disponibili (comunità, famiglie, gruppi, molteplici forme associative, istituzioni e agenzie interessate al mondo dei giovani, iniziative individuali) tenuto conto della loro concreta identità e finalità. Le sfide sono ormai globali e coinvolgono tutti, benché in modi differenti.

Si impone una rinnovata attenzione alla variegata tipologia di giovani: la minoranza di coloro che vivono intensamente la loro fede; quelli che dimostrano qualche interesse per determinati valori religiosi e che possono essere annoverati tra le file di un cristianesimo pubblico oppure privato; quelli che sono assai preoccupati per il proprio futuro lavorativo, il che in certo senso spegne in loro la domanda religiosa e li rende a essa indifferenti; quelli che sono variamente succubi e vittime di una dominante cultura individualista ed edonista, ma saltuariamente sensibili ad alcuni richiami di

[34] CONFERENZA EPISCOPALE ITALIANA, *Con il dono della carità dentro la storia. La Chiesa in Italia dopo il Convegno di Palermo*, Nota pastorale (26-5-1996), n. 40: *Notiziario della Conferenza Episcopale Italiana* 5/2006, 155-189, qui 187

tipo religioso dovuti a particolari avvenimenti, ad esempio, l'incontro con personaggi, uomini e donne, testimoni credibili della propria fede; la fascia di coloro che sono piuttosto refrattari di fronte alla religione.[35]

4.1. Presupposti e priorità

Riformulando una rinnovata attenzione a questa diversificata situazione del pianeta giovani, è necessario in generale che le comunità locali, le famiglie, le istituzioni e le varie aggregazioni ecclesiali dimostrino, nel vissuto quotidiano e nelle loro attività pastorali, di essere animate concretamente da atteggiamenti e comportamenti diretti non già a rendere o a mantenere lontani i giovani di alcune fasce e a ritenerli perfino un pericolo, quanto piuttosto a sentirli vicini e a considerarli preziose risorse per l'oggi e non soltanto per un domani avvertito come lontano.

Al riguardo la strada da percorrere è quella di una corretta e aggiornata valorizzazione delle varie tappe del processo di evangelizzazione, evitando vari rischi purtroppo non puramente ipotetici. Come quello di una proposta minimalista di vita cristiana, che non solo svigorisce il messaggio cristiano, ma mortifica le valide aspirazioni dei giovani incamminati verso l'ideale di un'intensa vita di fede o che già sono impegnati a viverla.

Accanto a quello di una proposta massimalista segnata da un cristianesimo vissuto nella sua integralità, incline a scoraggiare quando non a escludere le fasce di giovani da esso distanti o variamente insensibili ai suoi richiami.

---

[35] Cfr. M. POLLO, *Giovani e sacro. L'esperienza religiosa dei giovani alle soglie del XXI secolo*, Leumann 2010; ID., *Le sfide educative dei giovani d'oggi*, Leumann 2000; ID., *L'esperienza religiosa dei giovani. I dati*, voll. 3/1 e 3/2, Leumann 1997; G. BUCCELLATO, *Quale maturità umana e spirituale per una scelta definitiva*, in E. PALUMBO - V. ROCCA (curr.), *Definitività delle scelte nella chiesa, oggi*, Catania 2010, 33-56; C. RUINI, *Prolusione*, in SERVIZIO NAZIONALE PER IL PROGETTO CULTURALE DELLA CONFERENZA EPISCOPALE ITALIANA, *L'emergenza educativa. Persona, intelligenza, libertà, amore. Nono Forum del Progetto culturale*, Bologna 2010, 11-18; F. GIUSTI, *Educare a partire da un'esperienza: "Ciò che noi abbiamo visto, toccato, udito, noi lo annunciamo a voi"*, *ivi* 353-361; G. COLZANI, *Discernere il nostro tempo. La mentalità post-moderna: una sfida per la pastorale*, in *La Rivista del Clero Italiano* 78 (1997) 257-273.

Il rischio infine di procedere come a tentoni, sospinti da tanto attivismo pur apprezzabile, ma non sorretto e animato né da un retroterra di riflessione teologico-pratica, né da una progettualità condivisa e comunionale, che aiuti a fare scelte operative ponderate e debitamente motivate, e a condurle avanti con costanza e creatività.

Per questo occorre prevedere, programmare e valorizzare, ed eventualmente potenziare, dove già esistono vari tipi di iniziative e interventi, e perché tali interventi abbiano un significativo valore nella vita e nella ricerca della fede nei giovani, è necessario tenere presente alcune considerazioni e priorità umane ed educative:

– È necessario pensare interventi di rinnovamento del tessuto umano, sociale e culturale là dove non è possibile fare un annuncio esplicito, come è appunto il caso di ampie fasce del mondo giovanile attuale e di tanti adulti che hanno preso le distanze dalla chiesa.

Si tratta di una vicinanza fatta di tolleranza dei giovani come sono, di serena considerazione dei loro problemi, delle loro angosce, del loro disagio, di accogliente simpatia nei confronti delle loro aspirazioni, di sincera condivisione delle loro preoccupazioni, di solidarietà in sforzi comuni tesi a rendere più umani i rapporti nei vari ambiti del loro vivere, a realizzare una nuova cittadinanza sociale, ad aprire a un ben inteso dialogo interculturale.

Tutto questo fa parte del "Vangelo vissuto", cioè dell'annuncio del Vangelo fatto di gesti e di testimonianza; è questo il Vangelo che tocca le persone e le contagia positivamente.

– Iniziative mirate a far emergere dal vissuto cristiano dei giovani variamente indifferenti dal punto di vista religioso o, peggio, vittime dell'attuale soggettivismo individualista e dell'edonismo materialista le attese e le aspirazioni che tali esperienze segnalano tramite i loro risvolti di segno negativo (ricerca della felicità, di nuovi rapporti, di una vita degna di essere vissuta…), favorendo il sorgere di una domanda di tipo religioso ed educandola progressivamente.

– Iniziative di annuncio esplicito del Vangelo, fatto in modo personale o in gruppo, con l'impiego di tutte le forme e strumentazioni oggi disponibili e, in particolare, con i nuovi strumenti della comunicazione sociale: ciò in modo particolare in riferimento alla fascia di giovani disposti a iniziare un cammino di approfondimento della fede, a maturare un'adesione vitale al messaggio evangelico e un'appartenenza ecclesiale convinta.

– Iniziative dirette ad abilitare specialmente i giovani che vivono un'autentica vita di fede a essere i principali protagonisti nell'impegno di educare alla fede le altre fasce di giovani.

4.2. *Orientamenti pastorali per annunciare Cristo ai giovani del nostro tempo*

Il cambiamento permanente è un dato irreversibile del mondo, bisogna rinnovare continuamente le mediazioni dell'esperienza cristiana (canti, gesti, linguaggio, metodi, narrazioni, testimonianze, simboli, attività...). Allo stesso tempo, la meta di tutto il lavoro pastorale continuerà a essere sempre la stessa: rendere possibile, per quei giovani che lo desiderino liberamente, l'incontro con Gesù di Nazaret, perché possano accedere al rapporto di fede con il Padre e perché lo Spirito configuri le loro vite in maniera che, inseriti nella comunità cristiana, arrivino a essere testimoni dell'amore di Dio che si rivolge a tutti gli esseri umani e in particolare ai più poveri. Alla luce di quanto detto finora si possono delineare alcuni orientamenti pastorali[36]:

---

[36] Cfr. G. RUTA, *Progettare la pastorale giovanile oggi*, Leumann 2002; G. SAVAGNONE - A. BRIGUGLIA, *Il coraggio di educare*, Leumann 2009; R. TONELLI, *La narrazione nella catechesi e nella pastorale giovanile.*, Leumann 2002; ID., *Per una pastorale giovanile al servizio della vita e della speranza: educazione alla fede e animazione*, Leumann 2002. R. GRASSI, *Giovani e fede / 1 - Cristianesimo e identità tra i giovani italiani*, in *Insegnare religione*, n. 2/2010-2011 Novembre-Dicembre, 8-9; D. SIGALINI, *Modelli di pastorale giovanile*, in *Credere oggi*, 96, 6/1996, 5; A. SUPERBO, *Giovani e Vangelo: percorsi di evangelizzazione ed educazione* in Notiziario del Servizio Nazionale Pastorale Giovanile, n. 52, Roma 2008, 10-45; R. TONELLI, *Essere giovani in questo tempo: una ricerca... per non sbagliare terapia,* in *Credere oggi*, 172, 4/2009, 23-31. R. TONELLI, *Fare pastorale giovanile*, in ISTITUTO DI TEOLOGIA PASTORALE (cur.), *Pastorale Giovanile: sfide, prospettive ed esperienze*, Leumann 2003, 161-181.

a. Ripartire dai soggetti.

Essere cristiani era normale nel nostro paese e i processi di socializzazione religiosa introducevano bambini, adolescenti e giovani a una visione del cosmo condivisa dalla società in modo naturale.

Di fatto, la professione di fede si dava per scontata e la società sanciva positivamente la religiosità, penalizzando la mancanza di fede. Ora non è più così e, di conseguenza, la pastorale giovanile dev'essere concepita come la proposta che la comunità cristiana fa ai giovani affinché optino per un tipo di vita alternativa che nasce da un'esperienza, quella della fede, che sta diventando minoritaria.

Pertanto, la proposta di Gesù, più che essere una risposta a un atteggiamento di ricerca, dovrà essere provocazione e interrogativo rivolto a giovani che, apparentemente, si trovano bene nella propria situazione, ma che mostrano anche un certo disorientamento esistenziale quando si esprimono a un livello più profondo. Da qui la necessità di insistere sulla novità del Vangelo, sulla sua potenzialità di concedere una gioia e un senso alla vita insuperabili, ma riconoscendo, al tempo stesso, che la sua accoglienza colloca il cristiano controcorrente rispetto ad alcuni valori socialmente dominanti.

b. Ritornare all'annuncio essenziale del Vangelo.

Per un annuncio semplice e personale. L'azione pastorale della chiesa è dipesa nel passato da meccanismi e forme abbastanza strutturate: socializzazione familiare, proposte per un tempo libero educativo, catechesi presacramentale.

Perciò, pur essendo opportuno mantenere o potenziare le iniziative tradizionali, risulterà sempre più necessario che i membri della comunità cristiana, mediante ogni tipo di attività, si avvicinino a ogni adolescente o giovane nella sua situazione personale, per cercare di creare con ognuno di loro qualche tipo di rapporto personale significativo basato sull'ascolto, il dialogo e l'affetto.

L'educatore, il catechista, dovrà fare attenzione al momento esistenziale di ogni giovane per trovare sempre la parola giusta che arrivi al suo cuore.

Un annuncio disponibile a sperimentare nuovi linguaggi. Non è affatto facile oggi spingere i giovani alla riflessione, all'analisi del nostro mondo, alla comunicazione profonda di esperienze, al silenzio o alla contemplazione, perché tutto intorno a loro li stimola in senso contrario.

Gran parte della pastorale giovanile, soprattutto nella sua fase "missionaria" o di primo incontro, si è basata sulla realizzazione di attività di diverso genere: teatro, dinamiche, giochi, laboratori, campeggi, musica, volontariato.

Tutte queste azioni, di enorme valore pedagogico, continuano a essere imprescindibili. Tuttavia, uno sguardo attento alla nostra prassi non può non riconoscere che in molti giovani che sono stati a lungo con noi "non è passato nulla dentro", nonostante si siano divertiti molto o abbiano parlato moltissimo negli incontri.

Se i nostri incontri e le nostre attività non riescono a fare in modo che i ragazzi entrino nella profondità della loro vita e arrivino a "perforare" la realtà (facendo in modo che abbiano il coraggio di penetrare le loro inquietudini con la testa e con il cuore) tutte le nostre azioni saranno come «bronzo che risuona e campana che rintocca» (1Cor 13,1).

Uno sguardo di simpatia nei confronti del mondo e di chi è lontano. L'accesso alla fede per la maggior parte dei giovani oggi non è quello che deriva da un cammino di riflessione molto documentato, ma quello che nasce dal contatto vivo con esperienze forti della vita che ci costringono a fondarla con profondità (sofferenza, bellezza, intimità, ingiustizia, libertà, amore, solitudine, pluralismo culturale…) e dall'incontro con credenti appassionati dal Vangelo che lo incarnano in atteggiamenti e scelte concrete.

È necessario che la pastorale giovanile sia in grado di proporre interrogativi che aprono l'essere umano alla dimensione religiosa: chi sono io? che valore hanno la vita e il mondo? dove trovare la felicità? come orientare la mia esistenza? cosa devo aspettarmi? chi sono gli altri per me? quale tipo di società vale la pena costruire? in cosa riporrò la mia fiducia? vale la pena vivere? come?...

c. Un mondo di adulti e di figure educative significative.

La catechesi tradizionale ha avuto un carattere prevalentemente intellettuale; l'educatore aveva bisogno soprattutto di una formazione teologica di base e di alcuni elementi sui quali i contenuti della fede cristiana fossero ben fondati e risultassero accessibili al destinatario.

D'ora in poi, avremo bisogno soprattutto di persone giovani e adulte con un'intensa esperienza credente che possano narrare in prima persona la loro storia di fede, la qualità della loro relazione di amore e fiducia che hanno col Dio di Gesù. Perché la fede, prima di ogni altra considerazione teorica, è un evento di salvezza nella vita di persone concrete.

Da qui si deduce che la vera formazione degli educatori e dei catechisti consiste, soprattutto, nell'aiutarli ad attuare la loro stessa conversione. Naturalmente, è più facile formare persone che abbiano conoscenze religiose piuttosto che suscitare la testimonianza di giovani affinché la offrano ad altri. Ma sta qui la sfida ovvia per l'immediato futuro.

d. La scommessa della comunità.

La pastorale giovanile non può essere pensata al di fuori di una comunità, ma non è neppure possibile pensare a una comunità che non sia l'espressione di un modo autentico e consapevole di orientare i suoi membri verso un "centro vivente" e una "relazione reciproca e vivente" tra di loro. La pastorale giovanile deve la sua efficacia alla visibilità e all'autenticità della comunione dei membri delle comunità cristiane.

L'accoglienza del Vangelo, la vita nello Spirito e le opere di carità devono poter trovare un'icona permanente nei vissuti delle nostre parrocchie. Solo così l'annuncio sarà inverato dalla testimonianza.

L'unico modo in cui i giovani possono sentirsi interessati alla chiesa è se scoprono in essa uno spazio in cui si sperimentano realtà che non si sperimentano in nessun altro luogo e che donano qualità, fecondità e pienezza alla vita: l'esperienza dell'incontro con Dio, l'esperienza della fraternità e l'esperienza dell'impegno di solidarietà e di trasformazione.

5. Conclusione

La parola di Dio ci raccomanda di guardare verso Oriente, perché di là arrivano «i cammelli di Madian e di Efa [...] portando oro e incenso e proclamando le glorie del Signore» (Is 60,6), ma anche «di là verrà a visitarci dall'alto un sole che sorge» (Lc 1,78). L'Oriente è il punto in cui terra e cielo si incontrano e dalla loro unione è generato il Nuovo che rende possibile il futuro del mondo.

È quindi il luogo in cui la luce non solo descrive la realtà, ma la genera anche: «Come la folgore viene da Oriente e brilla fino a occidente, così sarà la venuta del Figlio dell'uomo» (Mt 24,27). L'icona della sentinella, così cara al beato Giovanni Paolo II, fa quindi dell'Oriente il suo angolo visivo, ma vi riconosce anche il punto generativo della storia da cui proviene ciò che mai è accaduto prima e che solo la fantasia eterna di Dio può generare.

Da quanto detto emerge la certezza che dall'incontro con le nuove possibilità che la storia ci pone davanti, potremo attingere nuove risorse che provengono da oltre il confine del nostro ideale pastorale. Questo chiede agli educatori una profonda conversione dello sguardo e del cuore, perché l'assuefazione al buio e la permanenza del "già testato e sperimentato" nell'immaginario educativo non debbano impedire l'accesso alla novità del Regno: «Ecco, faccio una cosa nuova: proprio ora germoglia, non ve ne accorgete?» (Is 43,19).

LA VITA FA PIÙ PAURA DELLA MORTE: EDUCARE I GIOVANI ALLA VERITÀ SULLA VITA E ALLA FELICITÀ PIENA

1. Una lettura del mondo dei giovani di oggi.

Il mondo giovanile scandisce la sua esistenza in atteggiamenti che rappresentano in termini soggettivi la varietà e la complessità del nostro sistema sociale, come la molteplicità di appartenenze, di condizioni di vita, di riferimenti culturali. La realtà dei giovani d'oggi è molto simile a un grande arcipelago differenziato, in cui è possibile, però, intravedere delle linee di tendenza comuni.

Oggi parlare dei giovani è diventato un fatto comune: tutti hanno qualcosa da dire su di loro, sul loro mondo e le varie dimensioni che esso presenta. Sociologi, psicologi, giornali, trasmissioni televisive e indagini si rivolgono sovente a questa realtà che, secondo la maggior parte degli 'esperti', sembra ancora non pienamente conosciuta e studiata. Ma chi sono realmente i giovani?

«Sovente si parla di giovani in termini o di indiscriminata condanna o di eccitante esaltazione. Non condividiamo questa tendenza e riteniamo piuttosto che essi debbano essere compresi per quello che realmente sono, per quello che fanno, per quello che dicono, per le loro genuine aspirazioni. Se essi sono in causa, allora tutta la comunità è in questione, a livello civile e a livello ecclesiale. Su di essi, infatti, si riversano con più forte esasperazione le angosce che tutti viviamo, come le esigenze e le attese comuni»: così i vescovi in un documento della Presidenza della CEI[37].

È necessario invece accostarci alla questione giovanile, con profonda umiltà, evitando disattenzioni o superficialità[38].

Prima di ogni azione educativa e pastorale occorre ricercare il punto di partenza, cioè si deve osservare attentamente la situazione in cui si è chiamati ad agire; processo non facile, poiché anche noi siamo 'dentro' il contesto che vogliamo analizzare[39].

Troppo spesso, infatti, gli educatori tendono a 'saltare' il momento di analisi della situazione giovanile, privilegiando ciò che dei giovani 'pensano' rispetto a ciò che essi veramente sono.

Ormai tutti hanno imparato che per fare progetti, avanzare proposte, suggerire priorità è indispensabile partire dall'ascolto della realtà. Proposte e progetti non radicati saldamente sulla conoscenza attenta della situazione, sono destinati a lasciare il tempo che hanno trovato, scivolando nel generico e nel vago.

L'ascolto poi non è mai «un'impresa facile, perché c'è sempre il rischio di far finta di ascoltare, pretendendo di conoscere già la risposta. Inoltre, dei giovani si può parlare in tanti modi e a partire da tanti contesti»[40].

Per conoscere autenticamente i giovani è necessario comprendere il contesto e i "luoghi" che abitano e percorrono, soffermandosi in particolare nella valutazione delle loro difficoltà e problematiche.

Infatti, si fa sempre più fatica a parlare di gioventù, di giovani, di condizione giovanile partendo dall'idea dell'esistenza di una realtà omogenea, su cui poter fare discorsi precisi e semplificati attraverso schemi unitari e sistematici; questo perché «la realtà giovanile si è fatta sempre più sfuggente sia per la relativa mutevolezza delle condizioni di vita e della

---

[37] CONSIGLIO PERMANENTE DELLA CEI, *Messaggio ai confratelli nell'episcopato e alle loro comunità diocesane* (27.01.1978), in ECEI II: 2996-2997 n. 10.

[38] *Ibidem.*

[39] Cfr. G. RUTA, *Progettare la pastorale giovanile oggi,* Elle Di Ci, Leumann (To) 2002, p. 38.

[40] R. TONELLI. *Essere giovani in questo tempo: una ricerca...per non sbagliare terapia,* in Credere oggi, Edizioni Messaggero Padova, 172, 4/2009, 23.

soggettività giovanile, sia per la persistente frammentazione delle appartenenze sociali e delle esperienze individuali e collettive»[41].

Da più parti, infatti, si mette in discussione da un lato la sensatezza e, dall'altro, la possibilità di parlare di 'giovani'. La giovinezza è, infatti, un'età la cui definizione varia nel tempo e secondo le culture; essa dipende da molteplici fattori di carattere biologico, psicologico e sociale.

Anzi, in misura decisamente maggiore di quella delle altre età in cui si articola lungo l'asse del tempo la vita delle persone, essa appare una costruzione sociale e culturale[42]. Questo perché l'età giovanile «si colloca all'interno dei margini mobili tra la dipendenza infantile e l'autonomia dell'età adulta, in quel periodo di puro cambiamento e di inquietudine in cui si realizzano le promesse dell'adolescenza, tra l'immaturità sessuale e la maturità, tra la formazione e il pieno dispiego delle facoltà mentali, tra la mancanza e l'acquisizione di autorità e di potere.

In questo senso, nessun limite fisiologico è sufficiente a identificare analiticamente una fase della vita riconducibile piuttosto alla determinazione culturale delle società umane, al modo in cui esse cercano di identificare, di dare ordine e senso a qualcosa che appare tipicamente transitorio, vale a dire caotico e disordinato»[43].

In realtà l'analisi del mondo giovanile considerato come una vera e propria condizione si afferma in Italia alla soglia degli anni '70. È in quegli anni, infatti, che si assiste allo sviluppo delle indagini sulla condizione giovanile. Significativa, ad esempio, fu l'indagine della Doxa 'Questi giovani' svolta per la Shell che fu pubblicata proprio nei primi mesi del 1970.

Che lo sviluppo delle inchieste sociali sui giovani sia avvenuto in quegli anni non è cosa casuale. Infatti è a cavallo del '68, ovvero dei movimenti

---

[41] G. MILANESI, *Il rischio della marginalità: un modo di leggere la situazione giovanile,* in Note di Pastorale Giovanile 22 (1988) 1-2, 39.

[42] Cfr. G. LEVI - J. C. SCHMITT, *Storia dei giovani. 1. Dall'antichità all'età moderna,* Laterza, Bari 1994, p. VI.

[43] *Ibidem.*

collettivi che tradizionalmente si ascrivono a quel periodo cronologico, che nel nostro paese si afferma l'approccio al mondo giovanile in termini di condizione[44].

In effetti «il termine condizione, come è noto, presuppone l'esistenza nei giovani "di una forte identità collettiva, di una altrettanto consistente capacità di produrre cultura autonoma (cioè progetti e modelli alternativi di uomo e di società) e di una forte propensione alla mobilitazione sociale»[45].

A molti osservatori in quegli anni i giovani apparivano infatti come un nuovo soggetto politico, in grado di influenzare il mutamento sociale insieme ad altri soggetti sociali e politici, tra cui in primo luogo la classe operaia e poi i soggetti emergenti come le donne e gli emarginati di ogni tipo.

Con la fine degli anni '70 in coincidenza con il declino dei movimenti collettivi del '68 e dintorni, oltre che delle ideologie che li avevano sostenuti, si assiste ad una lenta e progressiva evaporazione della condizione giovanile, ovvero dei giovani in quanto universo unitario e distinto dal resto della società.

«Dall'evaporazione della condizione giovanile resta un insieme di cristalli sparso e frammentato, in cui ognuno di essi rappresenta un vissuto soggettivo e privato. In altre parole questo significa che alla fine degli anni '70 i giovani non sono più un sottosistema sociale, dotato di un forte protagonismo e di una rilevanza sociale, ma un semplice insieme di individui dispersi nell'oceano del sistema sociale incapaci o impossibilitati ad assumere un ruolo di protagonismo sociale»[46].

Non è un caso perciò che proprio in quegli anni i giovani divengano socialmente invisibili e che cominci ad essere teorizzata la impossibilità di una lettura con categorie universali dei giovani.

Questo processo iniziato alla fine degli anni '70 prosegue negli anni '80 e

---

[44] Cfr. M. POLLO, *Essere giovani nella complessità, tra speranza e indifferenza,* in CEI - Atti della XLV Assemblea Generale, Collevalenza 9-12 novembre 1998, Roma, 1 settembre 2003, p. 44.

[45] G. MILANESI, *Il disagio: una concettualizzazione preliminare,* in M. POLLO. (a cura di), La gioventù negata, Labos - TER, Roma 1994, 43.

[46] M. POLLO, *Essere giovani nella complessità, tra speranza e indifferenza,* 45.

‘90 sotto la spinta della complessità della società e conduce ad una ancor più forte marginalizzazione dei giovani e ad una ancora maggiore loro chiusura nella dimensione del soggettivo e del relativo[47].

Secondo alcuni autori[48], ciò implicherebbe la dissoluzione della cultura giovanile, e quindi la non sensatezza, per esempio, di affrontare il tema del rapporto tra giovani e religione, dovendosi invece affrontare la questione in termini assai più generali.

Questo insieme composito è il prodotto di una vera e propria individualizzazione del percorso personale di crescita che i giovani vivono e che è la conseguenza del fatto che i giovani nella transizione verso l’età adulta seguono un cammino sempre più personale e soggettivo che è solo parzialmente legato alla loro età anagrafica. «Si assiste infatti, nelle nostre società, ad una destandardizzazione della vita degli uomini e delle donne e ad una diversificazione delle scelte di vita»[49].

Questo significa che oggi non si può più parlare di giovani in un senso generale perché occorre confrontarsi con un insieme composito di soggettività giovanili. Risulta così estremamente difficile individuare giovani con ‘storie’ uguali.

Parlare di ‘giovani’ al plurale, soprattutto per chi opera nel campo dell’educazione, è quindi molto rischioso: può dare l’illusione di aver individuato panacee che invece non sono realistiche.

I giovani, così, articolano la loro esistenza in molti gruppi e ambienti, piuttosto che confinarla all’interno di un solo ambito prevalente o esclusivo; in ognuno di questi ambienti il giovane può assumere atteggiamenti e

---

47 *Ibidem.*

48 Si veda a proposito alcune interessanti panoramiche: M. POLLO, *Modelli di approccio alla “condizione giovanile”*, in: F.-V. ANTONY et al. (edd.), *Pastorale giovanile. Sfide, prospettive ed esperienze,* Elle Di Ci, Leumann (To) 2003, pp. 21-32; P. DONATI – I. COLOZZI (edd.), *Giovani e generazioni. Quando si cresce in una società eticamente neutra,* Il Mulino, Bologna 1997, pp. 14-15; A. DAL LAGO – A. MOLINARI (edd.), *Giovani senza tempo. Il mito della giovinezza nella società globale,* Ombre Corte, Verona 2001.

49 W. R. HEINZ, *L’ingresso nella vita attiva in Germania e in Gran Bretagna,* in A. CAVALLI - O. GALLAND, (a cura di), *Senza fretta di crescere*, Liguori Editore, Napoli 1996, 83-84.

comportamenti autonomi, in relazione con quelli espressi in altri ambiti.

Questo per le giovani generazioni costituisce un humus abitativo di riferimento caratterizzato dal pluralismo di modelli di realizzazione, che viene vissuto attraverso scelte e orientamenti di carattere parziale e contingente, che non hanno nessuna pretesa di validità assoluta.

La ricerca di senso da dare alla propria esistenza non passa più attraverso valori assoluti e perenni, né attraverso le istituzioni, ma matura al di fuori o senza di esse, attraverso processi di socializzazione intersoggettivi ed interpersonali, quali la relazione a due e il gruppo.

Si potrebbe dire che la ricerca di senso si sviluppa attraverso la cosiddetta cultura della panchina, del viale, del muretto, cioè all'interno di innumerevoli microcosmi giovanili.

In essi, la ricerca non matura a livello di idee ma è sperimentata nell'esperienza e nel vissuto, non nel confronto con valori oggettivi, ma attraverso valorizzazioni personali; per cui la coerenza è strettamente legata alla singola persona e alla propria vita nel tentativo di essere felice.

Questo atteggiamento ha la sua causa nel clima culturale che stiamo vivendo, segnato dal pluralismo di modelli di riferimento e dal soggettivismo, per cui risulta problematico per i soggetti riferirsi a criteri univoci; «il fenomeno della frammentarietà degli orientamenti e degli stili di vita, la caduta della progettualità, la difficoltà di individuare alcuni criteri portanti, farebbero ipotizzare il determinarsi di un orientamento culturale labile, dai confini imprecisi, il venir meno dei riferimenti di vita coagulanti, in grado di ricondurre a unitarietà le varie manifestazioni di vita e gli orientamenti»[50].

Prevale, allora, una ricerca di senso non tanto nella dimensione dell'ottimale, del massimo raggiungibile, quanto del realizzabile, che costringe i giovani a risposte parziali e mai risolutive al problema del senso e

---

[50] F. GARELLI, *La condizione giovanile nella società complessa,* in Aggiornamenti Sociali 42 (1991), 542.

dell'identità; si abbandonano, quindi, le prospettive totalizzanti e onnicomprensive, con modelli carichi di razionalità e di progettualità, per affidarsi ad una ricerca che non superi i confini della quotidianità.

Siamo di fronte a quell'orientamento definito di corto respiro, di debole intensità, che non ha più la caratteristica della irreversibilità che caratterizzava alcune scelte del passato; siamo di fronte a una condizione giovanile assai labile a perseguire cammini personalizzati, capaci di facili adattamenti, tipico di «soggetti che rinunciano ai grandi ideali o alle forti tensioni per affidarsi a una ricerca di senso possibile, negli spazi in cui il soggetto è più in grado di determinare le condizioni della propria esistenza»[51].

Ed è facile incontrare la compresenza in uno stesso soggetto di valori che appaiono tra loro incongruenti, come l'affermazione di valori sociali che coesiste con realizzazioni individualistiche; come se ci fossero due livelli di riferimento diversi, una dialettica tra essere e dover essere, che svolgono funzioni differenti che non sempre si raccordano: «l'ipotesi è che si abbia a che fare con due diverse modalità di far fronte al problema del senso a cui un soggetto si affida alternativamente a seconda delle circostanze.

L'identità originaria, il livello del dover essere, la sfera dell'identità fanno riferimento a obiettivi e valori diversi da quelli che governano la sfera dell'ordinario e della quotidianità»[52].

---

[51] F. GARELLI, *La condizione giovanile nella società complessa*, 545.
[52] Ibid., 547.

2. Una società senza bambini e senza adulti.

Un altro dei punti di crisi: è una società senza bambini e senza adulti. Stiamo assistendo alla scomparsa dell'infanzia. L'infanzia è una conquista recente (seconda metà, fine Ottocento, inizio del Novecento), si afferma come età protetta, in cui il bambino deve essere separato, non segregato dal resto della società, protetto, verso cui occorre sviluppare delle particolari modalità educative.

Iniziano i modelli educativi di socializzazione per cui ai bambini, a seconda delle età, si danno informazioni, gli si fanno fare esperienze particolari e man mano queste si sviluppano. E gli adulti nei confronti del bambino si comportano in un modo diverso da come si comportano tra di loro, danno un'immagine di sé particolare, selezionano il linguaggio, ecc.

Tutto questo modello è sparito con la diffusione della televisione: il bambino fin da piccolo ha accesso alla vita sociale del mondo attraverso la televisione che gli propone un linguaggio che lui può benissimo comprendere.

Il bambino accede a questo mondo e a questo mondo lui si socializza precocemente, vede di tutto: dal poliziotto alla prostituta, alla morte... Una volta di fronte ai bambini non si parlava della morte, del denaro, del sesso, oggi attraverso la televisione tutte queste cose il bambino le vede. L'infanzia sta scomparendo e il bambino diventa precocemente maturo. C'è una scomparsa dell'infanzia come luogo protetto e separato, ma c'è una precoce immissione del bambino nella vita adulta, e allo stesso tempo abbiamo adulti che non crescono.

Mentre il bambino viene precocemente reso responsabile dei suoi atti, l'adulto tende a deresponsabilizzarsi. Questo indica che è in atto una profonda trasformazione anche rispetto alle età che sta squassando, sta sconvolgendo anche nel nostro paese i modelli educativi tradizionali.

È infatti una osservazione comune che l'età cronologica è diventata sempre meno indicativa del modo di vivere della gente e che, quindi, l'orologio interno delle persone non è più potente e costrittivo come una volta[53]. Questo significa, ad esempio, che è possibile essere adulti infantili o bambini maturi nella dinamica della vita sociale. Illuminante a tale proposito è una pagina del prof. Mario Pollo.

Nell'affrontare la questione del prolungamento dell'età giovanile egli scrive: «I bambini, infatti, sembrano oggi meno infantili tanto rispetto al modo di vestire quanto al linguaggio e al modo di comportarsi.

Parallelamente molti di coloro che sono diventati adulti in questi ultimi trent'anni parlano, si comportano e si vestono come bambini non cresciuti. È normale oggi vedere adulti con scarpe da tennis, jeans e t-shirt con l'immagine di Topolino o Paperino magari accanto a bambini vestiti con capi firmati.

Attraverso quello che spesso viene definito un comportamento informale gli adulti poi continuano a utilizzare una gestualità tipica della fanciullezza. Noi stiamo ancora educando come se esistesse questa segregazione del bambino e non di un bambino che ha visto fin dai primi anni di vita migliaia di ore di televisione. La nostra è una società in cui gli adulti non ci sono, e i giovani incontrano sempre meno figure significative»[54].

---

[53] Cfr. B. L. NEUGARTEN, *Age istrunctions and their socialfunctions,* in «Chicago Kent Law Review», LVII, 809-825.

[54] M. POLLO, *Essere giovani nella complessità, tra speranza e indifferenza*, in CEI - Atti della XLV Assemblea Generale, Collevalenza 9-12 novembre 1998, Roma, 1 settembre 2003, 49.

3. Vita e morte: rappresentazioni ed emergenze nel mondo giovanile.

Ci troviamo di fronte ad un a generazione adolescenziale particolarmente fragile da un punto di vista emotivo. Le ricerche recenti la chiamano "carenza conflittuale". Significa che c'è una profonda difficoltà a gestire le situazioni critiche, di contrarietà e di conflittualità. Non solo con gli adulti ma anche in generale. Sia coi coetanei che in situazioni di pure e semplice frustrazione.

Sono ragazzi cresciuti in contesti eccezionalmente virtuali. Molti di loro vivono nel mondo dei videogiochi, hanno indici di socializzazione molto bassi e sono eccessivamente coinvolti nella vita degli adulti che li proteggono e li sottopongono alla loro iper apprensione.

Sono ragazzi con difficoltà gravi ad affrontare le comuni fatiche della vita e le normali crisi o gli ostacoli che si incontrano quotidianamente. Per tanto agiscono poi in modo profondamente autolesionistico.

Teniamo conto che l'autolesionismo anche estremo è più diffuso di quel che si dice. È otto volte superiore ai dati di omicidio. Quindi addirittura dovrebbe essere sedici volte superiore, visto che molti suicidi non vengono riconosciuti tali.

Come i disturbi alimentari, diffusissimi, sono casi di autolesionismo. Tanti incidenti sono in realtà suicidi dissimulati. Non ci vuole coraggio, ci vuole solo una profonda difficoltà, ontologica, ad affrontare la realtà. Si preferisce annullare i problemi piuttosto che affrontarli. La vita reale fa più paura della morte.

Basta poco per destabilizzare l'equilibrio del giovane e portarlo a scelte irreparabili. Dobbiamo renderci conto che la cultura del videogioco sta rovinando i ragazzi. I neurologi ci dicono che quando un ragazzo si fa tante ore ogni giorno davanti ai videogiochi il suo cervello comincia a mortificarsi precludendosi importanti esperienze della vita e a ridurre la sua capacità di affrontare i passaggi evolutivi. Si aliena rispetto alla realtà concreta.

A questo va aggiunto che gli ultimi prodotti di intrattenimento sono molto pericolosi perché richiedono una grande devozione e investimenti di tempo ingentissimi. Diventano una compulsione. Ovviamente dietro ai videogiochi ci sono genitori fragili che non sanno assumersi il proprio ruolo educativo.

L'autolesionismo è una delle problematiche più diffuse tra i giovanissimi, a partire già dai 12-13 anni di età. I dati parlano di 2 adolescenti su 10 che scaricano il proprio dolore e la propria sofferenza sul corpo. I dati più preoccupanti in assoluto sono due: quasi il 14% lo fa in maniera ripetitiva e sistematica (dato aumentato del 2,5% in un solo anno) e l'età media in cui iniziano a farsi del male è pari a 12,8 anni[55] (dati Osservatorio Nazionale Adolescenza).

Sono ragazzi che attaccano intenzionalmente parti del proprio corpo, tendenzialmente le braccia o le gambe, e la forma di autolesionismo più frequente è il "cutting", ossia il tagliarsi: lo fanno con lamette, forbici, coltelli e con ciò che trovano di appuntito o tagliente.

Non c'è intento suicida, i tagli sono fatti in modo da non rischiare di morire dissanguati, ma per scaricare tutta la sofferenza interna che non si riesce a gestire attraverso una modalità più adattiva.

Alcuni "allarmanti" dati di uno studio dell'Osservatorio Nazionale Adolescenza secondo cui 3 ragazzi su 10 sono vittime di bullismo. Il 46% ha pensato almeno una volta al suicidio e il 32% di conseguenza ha messo in atto condotte autolesive. Il 75% dopo le prevaricazioni dei coetanei sviluppa forme di depressione.

Il 18% degli adolescenti si taglia e si autolesiona in vari modi in maniera intenzionalmente, di cui il 72% sono femmine e, oltre 1 su 10 (13%), lo fa in maniera costante e ripetitiva.

Secondo i dati dell'Osservatorio Nazionale Adolescenza, raccolti su un

---

[55] Cfr. http://www.adolescienza.it/osservatorio/.

campione di 11.500 adolescenti su tutto il territorio nazionale, circa 6 adolescenti su 100 hanno tentato il suicidio, di cui il 71% sono ragazze e il 24% ha pensato al suicidio

Il suicidio è un grido d'aiuto potentissimo che spesso viene sentito troppo tardi, un enorme bisogno di essere riconosciuti, visti nel proprio dolore da tutti e, come in questo caso, salvati. Il suicidio è l'apice di un percorso di sofferenza, di dolore nascosto, di paure inespresse, di sensi di colpa, è una decisione dura da prendere e si arriva a togliersi la vita in tenerissima età perché non si hanno più strumenti con cui fronteggiare ciò che si sta vivendo.

Ci si sente schiacciati, invasi dagli eventi, non si vede altra via d'uscita. Il ruolo di un adulto è quello di arrivare prima, di vedere cosa accade, di accorgersi che qualcosa nel suo piccolo è cambiato.

Ma troppe volte si rimanda, si pensa che ci sia il tempo per affrontare la situazione, si sottovaluta il problema, sono ragazzi, esasperano tutto, non si dà peso ai cambiamenti delle loro abitudini, al loro sguardo, ad alcuni loro discorsi, ad alcune parole.

I cambiamenti sono minimi, non ci mandano un whatsapp in cui ci avvisano che hanno deciso di farla finita ed è per questo che, senza allarmarsi per tutto e senza invadere e soffocare la vita di un figlio, si deve fare attenzione ai loro comportamenti e stati d'animo.

I numeri legati all'autolesionismo e ai tentativi di suicidio fanno decisamente impressione ma a quanto pare, nessuno ne parla. Nel mentre che ci si nasconde ipocritamente dietro le scuse che si rischia di istigarli, i ragazzi si tagliano e si fanno del male da soli. Non ci sono interessi dietro l'autolesionismo, questa è la verità, c'è paura e tanta incompetenza. Ma loro, i più giovani, sono soli e continuano ad intaccare la loro vita nei modi più eclatanti, e noi ciechi e sordi, continuiamo a non voler vedere che la vita, oggi, ha un valore diverso.

Basti vedere anche tutti i comportamenti a rischio, i selfie estremi e le challenge estreme, in cui mettono a repentaglio la loro vita per un gioco. Si può parlare di sucidi inconsci, senza una consapevolezza? In questo caso i numeri salirebbero alle stelle.

Inoltre, sono sempre di più i giovanissimi che utilizzano Internet e i social network per comunicare il loro malessere e la loro sofferenza.

Si condivide il dolore e si lanciano segnali nel Web, fino ai casi in cui si decide di farla finita e si sceglie di farlo davanti agli occhi di migliaia di persone. Si sta sempre più diffondendo la tendenza, molto allarmante, di condividere e trasmettere in diretta sui social, il momento in cui si commette il proprio "suicidio online". E per finire, l'adolescente può esprimere il proprio mondo "interno" anche attraverso l'uso del corpo, modificandolo per esempio con piercing e tatuaggi[56].

4. Come viene rappresentata la morte e la vita nei mondi frequentati dai giovani.

I nostri giovani frequentano, o meglio, abitano nella dimensione della connessione totale molti mondi, che non sono reali bensì virtuali. Ne accenno solo alcuni.

Tra i più utilizzati c'è Instagram con le sue stories, per passare poi ai videogiochi con più giocatori virtualmente connessi tra di loro, alle fiction su piattaforme come Netflix o la musica ascoltata su Spotify, o anche le fiction televisive, fino agli influencer o gli youtubers, per finire ai Manga giapponesi.

Ho cercato di ascoltare e di capire un po' di questi mondi abitati dai nostri giovani per vedere e analizzare come viene rappresentata sia la vita che la morte. Certamente non è una analisi scientifica né esauriente o esaustiva, ho scelto quelli più famosi e venduti, in maniera da aver garantito almeno un

[56] Cfr.http://www.adolescienza.it/osservatorio/nella-rete-della-rete-report-annuale-osservatorio-nazionale-adolescenza-2017.

target quantitativo.

Nonostante il mondo degli adulti pensi che siano solo giochi o intrattenimenti, credo che passino contenuti e informazioni, cioè passa educazione e formazione, insieme a stili di vita e scelte rispetto alla morte e alla vita.

4.1 Il credo dell'Assassino e Minecraft: i giochi più venduti e seguiti.

Il credo dell'Assassino[57], con 77 milioni di copie vendute, è costituito principalmente da tre regole, che tutti gli Assassini devono seguire:

1° credo: trattenere la lama dalla carne degli innocenti;

2° credo: sii tutt'uno con la folla;

3° credo: non compromettere mai la confraternita.

"Quando gli altri seguono ciecamente la verità, ricorda: nulla è reale. Quando gli altri si piegano alla morale e alle leggi, ricorda: tutto è lecito".

Nulla è reale, tutto è lecito. Dire che nulla è reale significa comprendere che le fondamenta della società sono erette su menzogne e che invece bisogna essere i pastori della propria civiltà. Dire che tutto è lecito invece, significa capire che siamo noi gli architetti delle nostre azioni e che dobbiamo convivere con le loro conseguenze, sia gloriose sia tragiche.

4.2 Minecraft spiegato in due parole[58].

Minecraft è un gioco dove si scava (mine) e costruisce (craft) con diversi tipi di blocchi 3D, all'interno di un grande mondo fatto da diversi tipi di terreni e habitat da esplorare. In questo mondo il sole sorge e tramonta, si va al lavoro, si raccolgono materiali e si costruiscono utensili.

---

57 Cfr. https://it.wikipedia.org/wiki/Assassin's

58 Cfr. https://minecraft-it.gamepedia.com/Minecraft.

Ogni tanto c'è pure la pioggia e la tempesta di fulmini, animali da poter domare, allevare o utilizzare come cibo. A seconda della modalità in cui si sta giocando, potrebbe anche essere necessario lottare per la sopravvivenza contro la fame, il pericolo e i cattivi.

Come molti altri giochi Minecraft non ha una trama o un percorso da seguire, è un gioco di costruzione del genere sandbox.

Per questo i bambini potrebbero giocarci per ore e ore.

Il giocatore in questa modalità può morire (tramite fame, segnalata nella barra del cibo, tramite cadute da altezze, lava, soffocamento, tramite uccisione di mostri, chiamati più comunemente mob, ecc...).

Alla morte del personaggio, verrà perso il contenuto dell'inventario, che sarà sparso nella zona in cui si è perso. Il giocatore viene resuscitato in un punto di generazione (spawn), cioè nel punto in cui si è iniziato a giocare in quel mondo. È possibile modificare il punto di spawn dormendo in un letto, fabbricabile dal giocatore. Caratterizza questa modalità il meccanismo della fame.

La barra della vita comincia a svuotarsi nel momento in cui la barra della fame si svuota.

In modalità Sopravvivenza è infatti importante come prima attività assicurarsi di avere ingenti scorte di cibo, in modo da non morire di fame. Tuttavia non tutti i tipi di cibo sono uguali, infatti essi danno più o meno cosciotti (unità utilizzata dalla barra) che hanno una durata diversa (più o meno veloci a svuotarsi) a seconda del tipo.

Differendo tra i vari livelli di difficoltà cambia la gravità di tale meccanica. In modalità pacifica, la fame non scenderà mai. In modalità normale, la fame scenderà fino a metà vita. In modalità difficile, il giocatore morirà nel momento in cui a causa della fame verranno consumati tutti i punti vita.

Minecraft ha raggiunto i 100 milioni di utenti registrati.

5. I giovani cercano la verità nella vita e sulla vita?

Steve Jobs, quasi un testamento spirituale affidato alle generazioni giovani capaci ancora di sognare un futuro da protagoniste, dice: "ricordarsi che si muore presto è il più importante strumento che io abbia mai incontrato per prendere le grandi scelte della vita. Siete già nudi. Non c'è ragione per non seguire il vostro cuore"[59].

La questione vera è che i giovani cercano la verità, solo che la cercano in modo diverso da come noi (adulti) ce lo aspettiamo. Forse la cercano sotto nomi e sotto vesti diverse. Dovremmo sempre chiederci, se non la cercano, perché non lo fanno. O, se la cercano, perché la cercano altrove. Perché cercano una verità diversa dalla nostra? Opposta, alternativa.

Ma prima di tutto questo, dovremmo chiederci che cosa è la verità sulla vita e sulla morte per un giovane. E - ultima domanda - in che senso la religione può aiutare i giovani - o anche impedire loro - a cercare e a trovare la verità?

Lo stesso sapere scientifico ormai ci propone verità parziali, congetturali, contraddittorie, e sempre nuove. Verità soggettive e relative, mutevoli e opinabili.

Dal canto suo neanche il diffuso scetticismo soddisfa, poiché quando si dice che è inutile cercare la verità perché questa non esiste, non fa altro che affermare un'altra verità. Infatti, affermare che la verità non esiste è a sua volta una forma di verità: si tratta della verità della non verità.

I giovani cercano una verità che sia capace di riscaldare il cuore, una verità che lasci un segno sulla loro pelle, perché, specie per un adolescente, il mondo comincia dalla pelle, laddove il confine tra mondo interno e mondo esterno passa attraverso il corpo.

Perché il sentire dei giovani è un sentire che comincia dalla pelle. Questo accade perché i giovani non conoscono ancora la separazione di cuore-

[59] http://www.vitespeciali.it/?post_type=aphorism&p=2754.

mente-corpo. Loro pensano tramite il sentire anche se non sempre riescono a trasformare il sentire in pensiero.

I contesti odierni ci stanno abituando attraverso le parole e gli atteggiamenti che la pubblicità divide, la politica divide, l'attuale cultura divide, l'esperienza divide, anche la fede divide e in alcuni casi provoca guerre e sofferenza.

E divide per assolutizzare e ridurre: così il giovane o assolutizza il corpo a discapito del cuore e della mente (vedi la logica dell'industria del divertimento che riduce il corpo a merce o a registro di un godimento illimitato), oppure a volte assolutizza la mente a discapito del cuore e del corpo (vedi la scuola che mette in campo un apprendimento dissociato dai processi motivazionali); o assolutizza i cuori a discapito dei corpi e delle menti, come un certo emozionalismo propone.

Alla cultura consumistica dominate fa comodo avere giovani divisi dentro e in perenne conflitto tra una ragione che sta naufragando, un cuore che è in preda a deliri e un corpo che pensa solo a esibirsi.

Riflettere sul rapporto tra educazione dei giovani e tecnologie multimediali, quindi, non può essere ridotto meramente al problema dell'innovazione tecnologica della società, tanto meno ad una semplice strategia di alfabetizzazione alle "nuove" tecnologie per coloro che non sono nativi digitali.

La sfida è più radicale. Si deve riflettere su che cosa comporti a livello antropologico questa interazione, così da divenire consapevoli che si sta imponendo una nuova cultura; dobbiamo chiederci se essa ci aiuta a crescere come persone, o se è in atto un impercettibile processo di subordinazione della nostra umanità alle funzioni e alle logiche delle macchine.

E' quindi in atto un cambiamento antropologico, che è totalmente nuovo e che non ha riferimento con il passato, né sul campo educativo, né sul campo della formazione, né su quello della costruzione della identità umana rispetto a stili e atteggiamenti di vita.

La ricerca della felicità da una ricerca interiore si è spostata verso un commercio praticabile nei nuovi santuari del consumo.

Il marketing, da molto tempo, ha capito molto bene che siamo consumatori evoluti, affamati di immagini e narrazioni, la pubblicità non vende più prodotti ma "visioni", "concetti" e "stili di vita".

Questa cultura della felicità a costo accessibile e in tempi brevi si è imposta nella cultura attuale. Per averne una prova basta guardare la pubblicità che tratta di rimedi al dolore fisico (mal di testa, acidità di stomaco, dolori muscolari e quant'altro): la caratteristica vincente dei prodotti presentati è la velocità dell'azione antidolorifica, il dolore sparisce immediatamente, si può continuare a fare quello che si vuole senza preoccupazioni.

Dovremmo chiederci, però, che mondo stiamo costruendo e quale futuro avranno le nuove generazioni, perché il problema della felicità è intrinseco alla stessa esistenza dell'uomo e alla sua ricerca di senso, è intrinseco a come si concepisce sia la vita e quindi la morte. È proprio a partire dall'esperienza della vita, della morte, della malattia, del dolore, dell'ingiustizia che nascono le grandi domande esistenziali; dalle risposte che riusciamo a dare a queste domande dipende in buona parte la stessa capacità di saperle affrontare nella vita quotidiana.

Una cultura che sistematicamente rifiuta la fatica, la malattia, il dolore e la morte rischia di creare persone estremamente fragili che crolleranno alle prime difficoltà.

Il sintomo più evidente in questa "crisi nella crisi" è il venir meno del principio di autorità, principio fondamentale per una equilibrata convivenza umana, così come per ogni processo educativo.

Prima l'adulto era il detentore di un sapere che garantiva a se stesso autorevolezza e ai propri discendenti un punto di riferimento, oggi l'adulto viene azzerato e bypassato grazie alle nuove tecnologie che assicurano alle giovani generazioni l'accesso alla conoscenza in modo diretto, senza alcun filtro e alcun controllo da parte di nessuna. Questo accesso a molteplici informazioni può avvenire in qualsiasi istante della giornata, e da parte di qualsiasi persona, bimbo, ragazzo o giovane che esso sia.

In questo processo, nel rapporto adulto–giovane, si è passati così da una relazione asimmetrica ad una simmetrica ed il rapporto è diventato di tipo contrattuale.

Questa deriva porta a situazioni familiari e sociali tra adulti e giovani che oscillano tra atteggiamenti di autoritarismo coercitivo o a tattiche e strategie persuasive sempre più simili alle tecniche di marketing commerciale.

Si ha la sensazione vivendo e ascoltando i giovani che il genitore, l'insegnante, o l'adulto di turno, sono ridotti a "venditori", e i giovani a "clienti" che accettano o rifiutano, in base ai loro gusti, le varie proposte.

Questa problematica, il rapporto tra nuove generazioni e mondo adulto, viene affrontata da Massimo Recalcati che parla di evaporazione del padre [60], indicando in questo fatto l'incapacità del nostro tempo di sapere orientare verso l'Ideale, sia a livello personale sia a livello collettivo.

In questa evaporazione si evidenzia l'impossibilità che il padre detenga ancora l'ultima parola sul senso della vita e della morte, sul senso del bene e del male.

Il venir meno della capacità di saper orientare all'Ideale lascia di fatto l'esistenza senza un punto di riferimento; e l'indebolimento dell'azione normativa del Simbolico spinge verso ciò che Lacan chiama "godimento mortale"[61].

Questo processo di regressione allo stato biologico, istintivo, animale avviene perché si infrange la legge che la psicanalisi definisce come legge simbolica della castrazione e che Recalcati ripropone come "legge della Parola".

---

[60] Cfr. *Intervista* di PAOLO PERAZZOLO in "Famiglia Cristiana" del 5 Agosto 2013, http://www.famigliacristiana.it/articolo/recalcati.aspx.

[61] L'espressione è di Jacques Lacan, psichiatra e filosofo francese, in MASSIMO RECALCATI, *Il complesso di Telemaco. Genitori e figli dopo il tramonto del padre*, Milano, Feltrinelli, 201[illegible], 20.

Questa legge stabilisce che essendo l'umano un essere di linguaggio, essendo la sua casa la casa del linguaggio, il suo essere non può che manifestarsi attraverso alla parola.

Stabilisce che è l'evento della parola ad umanizzare la vita e a rendere possibile la potenza del desiderio introducendo nel cuore dell'umano l'esperienza della perdita.

Cosa significa?

"Significa che la vita si umanizza e si differenzia da quella animale attraverso la sua esposizione al linguaggio e all'atto di parola.

È il linguaggio che agisce come una struttura di separazione imponendo alla vita una perdita di vita come condizione della sua umanizzazione. [...] Questa perdita è piuttosto un alleggerimento, un sollievo, un'apertura nuova alla vita. È salvezza della vita perché è solo l'incontro con l'esistenza del limite e della mancanza che può generare il desiderio come potenza generativa distogliendolo dal culto nevrotico del sacrificio e dal fanatismo perverso per il godimento mortale.[...]

La legge della parola introduce l'esperienza del limite, ed è questo limite che ci fa capire che non possiamo autogenerarci, perché nessuna vita umana "può prescindere dall'Altro del linguaggio"[62].

In un mondo dove la regola non è più quella della Parola che ci umanizza, ma quella del mercato e del profitto, a cosa serve tutta questa potenza tecnologica comunicativa, se poi non riusciamo a costruire un mondo che sia la casa in cui tutti possano trovare sicurezza, riconoscimento, pace; costruire un futuro che non sia solo minaccia e disperazione.

L'educazione delle nuove generazioni al senso della vita, che contiene in se il limite della morte non può sfuggire alla domanda: quale umanità vogliamo coltivare? Un'umanità capace di garantire un futuro di pace e giustizia alle nuove generazioni, o un'umanità funzionale al sistema?

Non si può comunicare ciò che non si è e non si ha, nemmeno con la

---

[62] M. RECALCATI, *Il complesso di Telemaco. Genitori e figli dopo il tramonto del padre,* 33

tecnologia più potente. La capacità di comunicare cresce e matura nello Spirito, nell'arte, nella musica, nella poesia, nella letteratura, nella pittura; vive di tutte quelle espressioni che ci rendono umani e ci mettono in relazione reale con l'altro, e non creature riducibili solo a sequenze di bit.

Le tecnologie digitali sono degli strumenti. Ci possono aiutare nel costruire la nostra umanità e la nostra socialità, ma non è a loro che possiamo delegare questo compito. La responsabilità è solo nostra.

6. Educare allo stupore e alla pienezza della vita e alla vera felicità.

Occorre far vivere ai giovani esperienze orientate all'educazione alla vita interiore e alla vita della carità. La razionalità occidentale oggi ha estremo bisogno di essere illuminata tramite l'esperienza mistica anche e soprattutto quella dei giovani.

Educare i giovani a compiere "percorsi dello stupore", aiutarli a sviluppare uno spirito critico di fronte all'offerta della cultura mediatica, e a plasmare la loro sensibilità e il loro carattere per elevarli e condurli ad una reale maturità[63].

Educare i giovani a comprendere la bellezza della vita seppure nel suo limite della sofferenza e della morte, però, non basta. Se è vero che essa possiede una grande valenza educativa, è vero anche che ad essa bisogna essere educati.

Non è, infatti, possibile considerare l'educazione alla felicità vera e piena come via da percorrere in alternativa a quella della razionalità. Se così fosse questa strada non solo non risulterebbe feconda ma potrebbe addirittura risultare perniciosa. Si darebbe infatti un ulteriore contributo a quella separazione tra intelligenza ed affettività, più volte evidenziata da Benedetto

---

[63] Cfr. PONTIFICIO CONSIGLIO DELLA CULTURA, *Documento finale dell'Assemblea Plenaria del 27-28 marzo 2006,* Città del Vaticano.

XVI e a cui i vescovi italiani hanno fatto riferimento negli Orientamenti Pastorali per il decennio 2010-2020.[64]

La pastorale giovanile oltre ad assumere una valenza di primo annuncio, kerigmatica, che parli alla vita dei giovani e che presenti loro la possibilità di una vita in abbondanza (Gv 10,10), dall'altra parte deve chiedere alle nostre comunità ecclesiali che si metta di nuovo mano a quell'opera pastorale del rapporto "a tu per tu", del "gomito a gomito".

La pastorale giovanile non può ridursi ad una pastorale dello slogan, in cui tutto il suo impianto ruoti intorno a frasi ad effetto, semmai molto belle, che tocchino l'emotività.

Sono annunci che scuotono, che portano i giovani a pensare, che riescono a scalfire il grande disinteresse in cui la società li immerge.

Ci si aspetta poi che da questi interventi automaticamente nascano le decisioni, si consolidino le vocazioni, si riesca a operare un cambiamento di mentalità, si formi un modo nuovo di vivere, di pensare, di essere nei confronti della vita.

Il giovane, invece, dopo questa inondazione di possibilità, di proposte, di prospettive per la sua vita, spesso viene lasciato solo, ma soprattutto non viene attivato in lui quel lento processo di maturazione che gli permette di ristrutturare la propria personalità centrandola su quanto ha ascoltato o provato.

Quanti giovani, in assenza di un vero progetto educativo, sono stati lasciati soli nella ricerca della strada della santità; quanti giovani non hanno trovato nella comunità cristiana chi li accompagnasse a passare «da esperienze spirituali dove i sensi spirituali hanno aiutato a cogliere, per grazia di Dio, la presenza e la bellezza del Signore, a percorsi organici di

---

[64] Cfr. CEI, *Educare alla vita buona del vangelo,* Orientamenti pastorali dell'episcopato italiano per il decennio 2010-2020, n. 5: il documento sottolinea «la specifica responsabilità di educare al gusto dell'autentica bellezza della vita, sia nell'orizzonte proprio della fede, che matura nel dono pasquale della vita nuova, sia come prospettiva pedagogica e culturale, aperta alle donne e agli uomini di qualsiasi religione e cultura, ai non credenti, agli agnostici e a quanti cercano Dio»; al n. 9 si richiama invece il pericolo di separare l'intelligenza dall'affettività.

fede dove l'esperienza si fa riflessa, consapevole, profonda, oggettiva»[65].

Di qui l'esigenza di ricollocare l'evangelizzazione sul piano del senso e restituire ad essa tutta la sua forza provocatoria. Sul problema del-la vita, del suo senso e di quel-la insuperabile minaccia al-la vita che è la morte, la fede cristiana è chiamata a misurarsi.

Continuare l'esperienza di Gesù e dei suoi discepoli significa, in concreto, annunciare il Vangelo dentro questi problemi, con la preoccupazione e la cura che questo annuncio risuoni veramente come "bel-la notizia".

«La comunità ecclesiale incoraggia e sollecita questo atteggiamento esistenziale. Lo sostiene con i giovani che lo stanno spontaneamente sperimentando; lo scatena in quelli che hanno rimosso ogni confronto con la morte, da buoni figli di questa nostra cultura, e non si pongono più alcun problema di senso. Dall'altra, la comunità ecclesiale ripensa al Vangelo per restituirgli la forza di salvezza "dentro" e "per" la vita quotidiana. Il primo compito è abbastanza facile. Viviamo infatti in una stagione culturale in cui è forte la consapevolezza dei tanti problemi che attraversano l'esistenza, anche se sono diversi i modi in cui si esprime questa drammatica emergenza. Il secondo è molto più impegnativo»[66].

I fatti sono la prima e più eloquente parola. Le parole della verità interpretano i fatti. La comunità ecclesiale annuncia Gesù di Nazareth con forza e con coraggio, offrendo una parola che è di senso e di speranza contro la morte. Le parole che dice sono la vita. Essa ricorda che Gesù è il Signore e non c'è altro nome in cui essere pieni di vita, restituendo la possibilità di essere nella vita a tutti coloro che ne sono stati deprivati.

Lo fa con competenza e serietà, perché si riconosce "serva" di esigenze impegnative come sono quelle della vita, da essere sollecitata a rendere

[65] S. GIUSTI, *Educare a partire da un'esperienza: "Ciò che noi abbiamo visto, toccato, udito, noi lo annunciamo a voi"*, in *L'emergenza educativa: persona, intelligenza, libertà, amore,* Edizioni Paoline, Milano 2004, 358.

[66] R. TONELLI, *Fare pastorale giovanile,* in *Pastorale Giovanile: sfide, prospettive ed esperienze,* Istituto di Teologia Pastorale (a cura di), Elle Di Ci, Leumann (To) 2003, 164.

concreto e differenziato il suo servizio.

Per questo la comunità ecclesiale chiama per nome le diverse situazioni di morte contro cui si intende lottare e cerca uno stile di presenza, diversificato in rapporto a queste concrete situazioni. Per questo "evangelizza" cioè dice forte, a fatti e a parole, che possiamo essere nella vita e restare radicati nella speranza solo se accettiamo di consegnare la nostra esistenza al mistero di Dio nel progetto di Gesù e c'impegniamo a vivere la nostra stessa esistenza e a costruire strutture di servizio nella logica di questo stesso progetto.

EDUCARE ALLA VITA BUONA DEL VANGELO IN SITUAZIONI DI MARGINALITÀ: ESPERIENZE DI PASTORALE GIOVANILE AL SUD. VERSO IL SINODO DEI GIOVANI.

1. I tempi "nostri".

L'attenzione e la cura verso il mondo giovanile sono i tratti con cui i credenti si devono muovere per annunciare il Cristo in maniera sensata e significativa. Le nostre comunità ecclesiali cercano di annunciare Cristo, Signore della vita, con enormi sforzi ma senza risultati considerevoli.

Anche a livello di pronunciamenti ecclesiali, di documenti magisteriali, si può affermare che la Chiesa guarda ai giovani in modo positivo, con rinnovato impegno di servizio e con il desiderio di sviluppare sempre più un dialogo. Viene ribadito che i giovani costituiscono, per la Chiesa, un "segno dei tempi" da scrutare, discernere e valorizzare.

Va fatta una seria verifica sulla prassi pastorale delle nostre comunità ecclesiali e della loro effettiva relazione con i giovani e la realtà-condizione da cui provengono.

Se ci domandiamo allora, quale relazione di fatto esista oggi tra i giovani e le nostre comunità, ci accorgiamo che non si può dare una risposta generica e univoca, ma siamo rimandati ad una pluralità di situazioni e di relazioni, oltretutto, non statiche ma in movimento.

È una domanda che interroga ciascuno di noi, nella concreta realtà della propria Chiesa locale e del proprio territorio. Una domanda che esige, anzitutto un'attenzione di fondo, perché non mancano difficoltà e problemi. Alcune comunità non appaiono ancora sufficientemente accoglienti verso i giovani: si nota, talvolta, scarsa disponibilità al dialogo o incapacità, sfiducia e disagio, impazienza pastorale, la frustrazione di tanti "sentieri" iniziati e interrotti, una povertà di proposta-progettualità educativa.

Da parte dei giovani esiste una certa disaffezione, estraneità o marginalità nei confronti dell'istituzione. Spesso c'è un problema di dialogo e comunicazione tra Chiesa e giovani, le proposte delle nostre comunità non si incrociano e si incontrano con le domande e le attese dei giovani. Per questo credo che sia necessario un rapporto personale, "a tu per tu", che nessun evento potrà sostituire. Dove i giovani possono vedere attraverso gesti concreti e credibili la Carità trinitaria che si fa storia, cambiamento, cura educativa.

Educare i giovani alla fede significa consegnare loro la fede così come noi adulti l'abbiamo vissuta? O piuttosto mettere nel loro cuore l'essenziale, insieme ad una passione che dia il desiderio e la volontà di reinterpretarlo per il loro tempo, nel loro tempo?

È proprio vero che quella dei giovani di oggi è una generazione incredula? È proprio vero che è una generazione uscita dal recinto? O non è piuttosto una generazione che si trova fuori casa, perché della casa-comunità cristiana non ha sentito il profumo, non ha sperimentato il calore delle relazioni, la responsabilità di un coinvolgimento vero, l'attenzione di un ascolto interessato?

La connotazione postmoderna dell'attuale società ha inaugurato il tempo cosiddetto «liquido». Avvertiamo che qualcosa si è rotto, le cose sono velocemente cambiate e non funzionano più come prima, viviamo in un orizzonte di vita molto plurale, diversificato, in continuo movimento: tutto cambia, tutto corre, tutto si rimodula continuamente e noi fatichiamo a mantenere una stabilità.

Per riprendere una bella espressione di Michael Ende, nel romanzo "La storia infinita", che dice: «Siamo andati avanti così rapidamente in tutti questi anni che ora dobbiamo sostare un attimo per consentire alle nostre anime di raggiungerci».

Cosi, su tutte le questioni, da quelle quotidiane e quelle più largamente esistenziali, si discute, si dibatte, si cambia, si predilige la teoria dei punti di vista rispetto alle visioni oggettive. Tutto rimane infinitamente aperto. Secondo la psichiatra Catherine Ternynck è un «uomo di sabbia», i cui stanchi stracciati di vita sono continuamente spezzati e ridisegnati[67].

Questo tempo invoca una presenza cristiana diversa, capace di aggiornare linguaggi e prassi pastorali che, talvolta, sembrano rimasti prigionieri di una cultura del passato, di un mondo simbolico e sociale che non c'è più.

2. Per una nuova evangelizzazione: accompagnare e risvegliare.

In questa situazione culturale e antropologica totalmente nuova e in continuo divenire, bisogna imparare l'arte di suscitare una fede che sappia provocare l'intelligenza umana, che sappia sfidarla su un terreno umano e razionale, che sia aperta al dialogo e al dubbio e non, invece, una fede che si presenta come una serie di cose da credere ciecamente; dobbiamo entrare in dialogo per portare il nostro contributo sui significati culturali odierni e lavorare per «la vita buona» che la stessa umanità di Gesù ci mostra.

Superando uno stile meramente autoritario, viene richiesto non di imporre il Vangelo ma, invece, di entrare in relazione, sostenere il dibattito, lanciare sfide e provocazioni, interrogare criticamente e, soprattutto, esercitare il discernimento delle situazioni reali delle persone, nell'arte di un accompagnamento capace di ascolto, dialogo, attenzione, compassione.

La nostra è una stagione di grandi e profondi cambiamenti. «Anche le nostre comunità vivono dentro i grandi cambiamenti e ne subiscono l'influsso, forse non sempre in maniera consapevole. La vita di fede, la pratica religiosa e la sensibilità morale sono gli elementi più esposti alle

[67] Cfr. CATERINE TERNYNCK, *L'uomo di sabbia. Individualismo e perdita di sé, Vita e pensiero,* Milano 2012.

influenze della cultura secolarizzata, soprattutto nell'età giovanile (...) La gran parte dei giovani delle nostre comunità sono in altum, lì dove l'oceano è profondo, e il vortice del consumismo e della secolarizzazione crea gravi rischi per la loro gioia di vivere e per la loro fede in Cristo Signore. Il dono della fede è per noi quella perla preziosa che ci sprona ad assumere con entusiasmo un rinnovato impegno per la pastorale giovanile»[68].

L'annuncio della fede è rimasto distante dalla sfera affettiva, esistenziale ed emotiva; forse, molti dei nostri linguaggi e delle nostre pratiche cristiane, non riescono più a parlare ai desideri, alle speranze, ai sensi dell'uomo.

La fede cristiana continua ad essere percepita come una conoscenza intellettuale, un insieme di pratiche e leggi e non, invece, come una questione di apertura dei sensi, di domande, di stupore, di stili di vita.

In un tempo plurale e mobile, si può credere solo per scelta. Niente può essere dato più per scontato e occorre prendere atto che i giovani del nostro tempo non comprendono più la nostra ritualità, i nostri linguaggi ecclesiali, le nostre liturgie o azioni pastorali.

I giovani devono essere introdotti nuovamente – e non solo in modo nuovo – alla preghiera, alla vita spirituale, alla liturgia, ai contenuti della fede, oltre i retaggi familiari e culturali di provenienza.

Ci sono domande, situazioni, passaggi di vita, stupori, perfino esperienze traumatiche che a volte risvegliano in tutti, ma soprattutto nei giovani, un sussulto spirituale; tale vissuto, spesso non accompagnato, rischia di restare sommerso dalla routine quotidiana.

Un compito fondamentale e mistagogico sarebbe quello di aiutare i giovani a entrare in contatto con se stessi, aiutandole a riconoscere la grazia di Dio già operante in loro e la potente bellezza che la fede potrebbe offrire ai loro percorsi.

In questo modo, il cristianesimo non apparirebbe come una via esterna

---

[68] A. SUPERBO, *Giovani e Vangelo: percorsi di evangelizzazione ed educazione* in Notiziario del Servizio Nazionale Pastorale Giovanile, n. 52, ottobre 2008, 14.

alla vita quotidiana ma come una promessa, un desiderio, uno spazio di tensione, un invito, una possibilità.

D'altra parte, quest'arte maieutica e mistagogica è usata da Gesù con i due discepoli di Emmaus: Gesù non si impone, non inveisce, non formula dogmi, ma «cammina con loro» e si presenta come il pedagogo della loro apertura interiore, che sblocca i loro sensi e la loro immaginazione, risvegliando in loro qualcosa.

3. Comunità capaci di relazioni e di appartenenza.

Come dovrà essere una pastorale giovanile intesa quale servizio di educazione alla fede dei giovani, perché riesca ad animare un processo di maturazione alla vita di fede?

Almeno quattro attenzioni che appaiono costanti imprescindibili perché si possa avviare processi e percorsi per una pastorale giovanile:[69]: l'attenzione alle persone, il primato dell'evangelizzazione, l'offerta di un cammino di educazione alla fede, la scelta della comunità soggetto di pastorale.

3.1 L'attenzione alle persone.

Una Pastorale Giovanile che voglia essere veramente tale dovrà in primo luogo privilegiare l'attenzione alle persone. La vocazione è una chiamata rivolta al singolo e da parte di questo una risposta altrettanto personale. La preoccupazione centrale non sarà il compimento dei programmi preparati, la trasmissione di contenuti intellettuali o la preoccupazione per le strutture. Non va negata l'importanza di questi elementi e allo stesso tempo non vanno collocate su di essi le maggiori attese. Sono nell'ordine dei mezzi. Vengono

[69] Cfr. J. VECCHI, *Pastorale giovanile e pastorale vocazionale*, Note di Pastorale Giovanile, 36 (2002), n. 04, 5-79.

offerti a persone che versano in situazioni singolari, interne ad esterne, hanno una loro storia irripetibile: antecedenti, orientamento attuale, bisogni e prospettive; debbono rendersi consapevoli di una grazia, riconoscere una presenza e maturare un valore unificante: la fede. Oggi è più necessario che mai saper accogliere ciascuno nella sua originalità, con capacità di dialogo, fiducioso e gratuito. La fede cristiana non si diffonde e non si assume per motivi sociologici.

3.2 Il primato dell'evangelizzazione.

Asserita la centralità della persona, c'è da dire che una pastorale giovanile che voglia dirsi tale dà il primato all'evangelizzazione: cioè fa conoscere Cristo, motiva e anima le persone a lasciarsi illuminare e interpellare da lui: orienta verso l'incontro con lui e verso un'adesione sempre più convinta al senso di vita che Egli rivela. La vocazione é sequela di Gesù Cristo. La pastorale allora deve portare alla relazione personale con lui affinché i giovani conformino a lui il desiderato sviluppo personale e trovino in lui il centro unificatore della loro vita.

3.3 L'offerta di un cammino di educazione alla fede.

La pastorale giovanile deve pensare e offrire un cammino di educazione alla fede, unitario e progressivo, dove i momenti straordinari e il quotidiano, i nodi della crescita umana e il riconoscimento della presenza di Dio, la celebrazione e la Parola, la preghiera e l'azione si corrispondano, si rafforzino a vicenda e si fondano. Si innesta allora un'altra caratteristica della pastorale giovanile che riguarda la modalità generale di fare la proposta di un cammino che aiuti a personalizzare la fede e i valori del Vangelo.

Tale modalità si propone di suscitare la partecipazione attiva dei giovani e considera fattore importante del cammino il loro apporto e la loro reazione.

Gesù parlò col giovane, gli domandò e l'ascoltò, riprese le sue risposte, e lo stesso fece con Nicodemo, con gli apostoli, con la donna samaritana.

È dunque conveniente che la pastorale cerchi di stimolare i giovani a domandarsi e riflettere, di invitarli ad esprimersi, di suscitare il desiderio di provarsi e osare nel vivere conforme al Vangelo. C'è un equilibrio delicato tra l'accogliere e l'orientare verso l'oltre, tra continuità e salto. La vita cristiana è fatta anche di rotture ed esodi repentini, di sfide e inviti inattesi.

3.4 La scelta della comunità soggetto di pastorale.

Da ultimo ci vuole una pastorale che sia "della comunità": che abbia la comunità come soggetto, che si svolga nell'ambiente comunitario e porti l'attenzione verso la comunità. La vocazione è intrinsecamente comunitaria. Sarà un servizio alla comunità e un segno dentro di essa. C'è una costante: l'esperienza di comunione porta verso scelte generose e diventa motivazione per seguire tali scelte.

La Chiesa, se non vuole perdere i giovani, deve riscoprire il valore delle relazioni che fanno sentire importanti, che generano interesse per le esperienze perché passano attraverso le persone, i legami, la valorizzazione di ciascuno.

La comunità che accoglie ciascuno per ciò che è, a poco a poco genera appartenenza, e l'appartenenza sostiene l'impegno di capire, genera identità, motiva al coinvolgimento. Nel contesto di oggi, difficilmente può avere efficacia una prassi che chiede prima l'adesione della mente, e poi – caso mai – quella del cuore e della responsabilità Comunità senza relazioni non possono generare alla fede né possono alimentare quella di quanti hanno aderito ad essa. Dunque il rinnovamento umano e relazionale delle comunità cristiane pare costituire una delle chiavi per una ripresa di dialogo tra la Chiesa e le nuove generazioni.

È tempo di pensare con decisione che vi possa e debba essere un'educazione cristiana che avviene in età e luoghi diversi dagli attuali.

Se i percorsi di fede dovranno sempre più tener conto delle domande della vita, se i punti di partenza dovranno diventare sempre più articolati, flessibili, numerosi, allora occorrerà pensare alla possibile funzione di educazione spirituale, interiore, anche in senso cristiano, che possa prendere le mosse dai contesti della formazione umana, culturale e professionale dei giovani, a cominciare magari dalla scuola e dall'università. Dare fiducia significa essenzialmente due cose, per noi.

Innanzitutto capire che non si tratta di cambiare i giovani, ma di lasciarsi cambiare dai giovani. In secondo luogo trovare vie perché essi diventino protagonisti nella vita della Chiesa.

Accettare di lasciarsi cambiare dai giovani significa comprendere che essi chiedono un nuovo modo di essere Chiesa, una Chiesa che sappia dare ma anche ricevere, che sia generosa nell'ospitare, ma anche pronta a lasciarsi ospitare. Non solo una Chiesa accogliente, ma che si lascia accogliere, che si fida della capacità di accoglienza dei giovani.

Lo ha detto Papa Francesco: «"Come possiamo ridestare la grandezza e il coraggio di scelte di ampio respiro, di slanci del cuore per affrontare sfide educative e affettive?". La parola l'ho detta tante volte: rischia! Rischia. Chi non rischia non cammina. "Ma se sbaglio?". Benedetto il Signore! Sbaglierai di più se tu rimani fermo» (Discorso a Villa Nazareth, 18 giugno 2016).

4. La Carità, fondamento teologico e pastorale.

La carità è concetto generico, dalla massima estensione: esso si colloca all'inizio e al termine di tutta la riflessione teologica e dello stesso mistero della nostra fede. Sta all'inizio come il principio che spiega l'origine dell'universo e della storia dell'uomo, e sta alla fine come meta ultima della creazione.

Si rimane sempre in un contesto di amore: all'inizio l'amore ha preceduto tutti e tutto, e ha offerto in dono a ciascuno tutto l'universo; alla fine accoglierà, al termine della storia, l'amore svolto dall'uomo e i doni, frutto dell'amore umano suscitato da Dio.

La carità può diventare un termine equivoco se resta astratto e vuoto: soprattutto se si contrappone il polo della carità al polo della fede o a quello della giustizia. La creazione, la rivelazione di Dio, il piano di salvezza per l'uomo sono atti d'amore, che non emergono dal nulla.

La Bibbia ci ricorda che la carità di Dio ci precede, che non siamo noi per primi che amiamo, ma che veniamo dopo una lunga catena di carità: siamo amati e, perciò, possiamo amare.

L'amore di Dio ci supera, ma ci dice anche che siamo immersi in esso: è punto di riferimento per la nostra riflessione speculativa, ma anche presupposto per la nostra creatività nell'amore. Ogni uomo è portatore del dono di amore di Dio, ed anche capace di trasmetterlo ad altri.

L'amore dell'uomo deve sempre presupporre l'Amore che ci ha preceduto e ci precede, l'Amore creatore, l'Amore di Colui che ci ha dato tutto nel suo Verbo: amiamo perché amati.

Gesù Cristo, il Verbo incarnato, non è solo un contenuto astratto della fede e della Rivelazione; Egli realizza questo contenuto in una forma storica ben precisa. E' il maestro ma non di cattedra, non un docente che insegna solo dottrine teoretiche, che scrive libri: è Parola che si inserisce nel contesto del suo tempo; prende posizioni con scelte molto concrete: a favore degli ultimi, degli emarginati, dei poveri e dei peccatori.

La storia di Gesù ci dice che Egli parla dell'amore di Dio in modo concreto e non astratto, non abbondando in affermazioni fumose e generiche, ma insistendo su fatti e su doni concreti dell'amore di Dio. Questo evidenzia la necessità di porre in dialogo la riflessione teologica e la prassi di carità della chiesa, di come il vissuto stesso della chiesa, inteso come evento, nella storia degli uomini, dell'amore del Padre, del Figlio e dello Spirito Santo, si debba proporre come il luogo ermeneutico privilegiato sia della riflessione teologica, che della progettazione pastorale.

«La teologia viene - fides quaerens intellectum - a mettere in luce l'intero dinamismo della vita cristiana, del quale la carità è la forza animatrice fondamentale.

La fede, operante nella carità, diventa così un vero e proprio luogo teologico, a cui bisogna fare riferimento, superando quella separazione che talvolta si è fatta notare tra una riflessione speculativa preoccupata solo di lucidità dottrinale e una teologia della situazione pratica, carente di fondamento teoretico...La rivelazione, pertanto, non è solo un insieme di parole-concetti, ma è anche un evento-realtà e dono, per cui credere è un accogliere con amore la parola-amore di Dio; al che consegue l'operosità della carità, che non è altro che la manifestazione concreta dello stesso contenuto della fede»[70].

La teologia si connota, sempre più, come un riflettere sull'evento della carità del Padre, per mezzo di Gesù Cristo nella forza dello Spirito, che irrompe nella storia degli uomini tramite la vita sacramentale della chiesa, qualificandolo come contenuto della fede cristiana e, quindi, chiave ermeneutica unitaria della teologia[71].

A partire dal Vaticano II la teologia riscopre tematizzandola, una delle dimensioni fondamentali della vita cristiana, misurandosi con maggiore profondità sul tema della carità; il principio - amore permette di rifocalizzare una verità fondamentale dal punto di vista dell'epistemologia teologica.

In questo senso la teologia prende coscienza che non può prescindere dal dinamismo della carità, e che occorre riflettere sul fatto che la speculazione dell'intelligenza teologica, che vive nella fede, abbia una struttura agapica,

---

[70] Discorso di Giovanni Paolo II ai convegnisti, in AA.VV., *La carità. Teologia e pastorale alla luce di Dio-Agape,* Edizioni Dehoniane Bologna, Bologna 1988, 13-14.

[71] Cfr. P. CODA, *Indicazioni teologiche e operative,* in AA.VV., *La carità. Teologia e pastorale alla luce di Dio-Agape,* Edizioni Dehoniane Bologna, Bologna 1988, 279-294; ID., Per una ontologia trinitaria della carità. Una riflessione di carattere introduttivo, in Lateranum 51 (1985) 1, 60-77.

superando il pericolo di ridurre il significato cristiano e la sua prassi della carità ad una interpretazione esclusivamente affettiva, e riducendo il concetto di carità a virtù teologale.

Si avverte la necessità che nella riflessione teologica la carità, il principio-amore, passi dal ruolo di argomento alla qualità di dimensione dell'essere e dell'agire della Chiesa: un principio che entri nel credo della fede cristiana, che diventa per essa una verità che salva.

Il credo cristiano non è un complesso di verità e di idee che bisogna dimostrare matematicamente come degli assiomi, non è una gnosi: è, invece, Verità che si comunica, dono da accogliere, comunione da vivere. Una Verità astratta e lontana dal mondo non può identificarsi con la persona del Cristo, che invece si è donato concretamente nell'amore per gli altri: nella sua essenza più profonda, la Verità di Gesù Cristo si manifesta nell'amore, e solo attraverso la concreta testimonianza può trovare la sua piena credibilità.

Da qui una rinnovata epistemologia teologica che non opponga fra loro ortodossia e ortoprassi, oscillando tra questi due poli, e preferendo ora l'uno ora l'altro: nel passato si privilegiava il momento teoretico, contemplativo della Verità, inducendo a pensare che la prassi fosse un momento deduttivo e applicativo, coerente con la verità. La cultura moderna ha dimostrato che la verità si deve dipanare nel fare, che il fare qualche cosa può arricchire ed esplicitare meglio la verità.

Il nuovo Testamento ci propone un principio secondo cui la verità è una realtà da farsi, e da farsi nella carità: Gesù ha detto: «Chi fa la verità viene alla luce»[72], e così Paolo agli Efesini ricorda che «veritatem facientes in caritate»[73].

La riflessione teologica ha il compito di rivelare come la carità è la realtà stessa dell'essere di Dio, e che la fede è un credere all'amore. Solo chi crede

---

[72] Gv 3,21.

[73] Ef 4,15. Per cui se la verità della nostra fede è specificata e realizzata nella carità, il rapporto fede-carità si configura come un circolo ermeneutico, in cui l'ortodossia s'invera nell'ortoprassi e l'ortoprassi presuppone e scaturisce dall'ortodossia.

all'amore può operare nell'amore, per cui il legame tra il contenuto della fede e la prassi di carità è diretto perché un solo amore è creduto ed è vissuto.

«La carità della verità, perciò, diventa sempre più necessaria, oggi. Per noi cristiani, la verità è una Persona, Gesù Cristo, il quale a sua volta ci introduce nel mistero delle tre Divine Persone...Carità e fede, dunque, non sono opposte, né restano poli lontani; esse si chiamano a vicenda»[74].

L'essere ancorata alla prassi di carità può impedire alla riflessione teologica di evitare un doppio pericolo: quello di chiudersi nel ricordo di ciò che è già avvenuto e quello di volare verso l'astrattezza teorica, per spingerla nell'utopia di incarnare nella concretezza storica il non-ancora; così si evita ulteriormente di confinare la speculazione teologica nell'obiettività scientifica e nella precisione dottrinale, pur essi necessari.

«In tal modo, una teologia attenta alla operosità della carità si libera dal rischio di restare prigioniera di un immobilismo conservatore, e diventa sempre più una teologia dinamica e aperta, preoccupata di preparare il futuro da costruire per il domani dei credenti»[75], traducendo, in termini di Amore, tutti i suoi concetti ed asserti fondamentali, e rinnovando strutturalmente la sua stessa forma di pensiero e di linguaggio.

5. La Chiesa icona del Dio-Agape Trinitario.

Oggi la sfida etica a cui la Chiesa è chiamata a rispondere facendosi prossima è quella della solidarietà; sfida che investe l'umanità a fronte della questione sociale. La solidarietà è un atteggiamento che scaturisce

---

[74] L. SARTORI, *La polarità della carità,* in AA.VV., *Diaconia della carità nella pastorale della Chiesa locale,* in «Studi Pastorali» 8, Libreria Gregoriana Editrice, Padova 1985, 265.

[75] Discorso di Giovanni Paolo II ai convegnisti, in AA.VV., *La carità. Teologia e pastorale alla luce di Dio*-Agape, 14.

dall'essere stesso dell'uomo in quanto uomo, responsabile degli altri: in questa prospettiva si inserisce la fede e la vita cristiana con la loro originalità, dando loro una radice e una fonte nuova e assoluta, che le porta a un compimento gratuito ed imprevedibile: la carità.

La carità non designa solo un atteggiamento di servizio o di disponibilità, ma l'essere dell'uomo in quanto generato nel battesimo, in Cristo, per opera dello Spirito, come figlio di quel Dio che si è rivelato nella storia come Agape. Questo fa sì che il credente si realizza come Cristo se è espressione reale e vivente nello Spirito e nella comunità dei credenti dell'Agape trinitario.

In tale prospettiva, l'amore per il prossimo è il supremo comandamento perché è la legge che traduce nella storia e nella quotidianità la vita stessa del Dio di Gesù Cristo, che è Amore.

Per questo radicamento cristologico nel mistero trinitario, l'uomo è pienamente se stesso solo con l'altro da sé, per cui si è responsabili dell'esistere e del realizzarsi dell'altro nella misura in cui si vive compiutamente la responsabilità verso se stessi e di fronte a Dio: «l'anima di tutte le esortazioni e gli imperativi di tipo teo-logico/escato-logico è l'amore che - in risposta all'amore escatologico ricevuto da Dio - reagisce verticalmente e orizzontalmente, o meglio: strutturato per incarnarsi, riconosce Dio nel prossimo e il prossimo in Dio»[76].

Ciò che oggi si presenta alla Chiesa, immagine trinitaria del Dio-Agape, come sfida etica della solidarietà, trova nella carità il suo compimento: «al di là dei vincoli umani e naturali, già così forti e stretti, si prospetta alla luce della fede un nuovo modello del genere umano, al quale deve ispirarsi, in ultima istanza, la solidarietà. Questo supremo modello di unità, riflesso della vita intima di Dio, uno in tre persone, è ciò che noi cristiani designiamo con

---

[76] H. SCHÜRMANN, *La questione del valore obbligante delle valutazioni e degli insegnamenti neotestamentari,* in H. U. VON BALTHASAR - H. SCHÜRMANN - J. RATZINGER, *Prospettive di morale cristiana,* Città Nuova, Roma 1986, 26.

la parola comunione»[77].

6. Il senso di una proposta e di una esperienza di primo annuncio e Carità.

La realtà del Sud vive situazioni strutturali di marginalità, non solo culturali ma che hanno bisogno di una incarnazione di ogni tema pastorale con prospettive e priorità tra loro diverse. La mancanza di spazi, l'impossibilità a crearli, il vivere molto tempo per strada, l'abbandono della scuola in età precoce, il disagio giovanile, che è trasversale per tutte le fasce ed ambienti sociali, ci richiedono di declinare la cura educativa con strumenti e atteggiamenti nuovi e creativi.

Sempre più abbiamo bisogno di una pastorale che si ancori alla Parola di Dio, che diventi sorgente e fonte di ogni pensiero teologico e di ogni metodologia pastorale.

Un giovane quindicenne e un giovane adulto di trent'anni non possono ricevere la stessa cura educativa da parte della comunità cristiana, ma ad entrambi appartiene la fragilità, la cittadinanza attiva, il lavoro, la festa, la memoria, l'educazione ai sentimenti.

Ogni progetto educativo ha bisogno di essere radicato dentro un percorso stabile, che sinceramente, vedo solo nella vita della parrocchia, casa di comunione tra le case della gente. Con questo intendo persone, luoghi, vita vissuta, testimoni credibili che, attraverso una comunità accogliente, trasmettano le verità della fede.

L'esperienza che in questi 20 anni abbiamo cercato di costruire partiva dall'esigenza di dare risposte concrete e visibili, ma soprattutto credibili.

Siamo partiti dal brano evangelico dei discepoli di Emmaus e da un sogno. Ogni scelta è importante. E, come ogni scelta che si rispetti, ugualmente la nostra ha comportato e comporta tutt'ora anche difficoltà.

La scelta della realizzazione di un sogno costa sudore e richiede il

---

[77] GIOVANNI PAOLO II, *Sollecitudo Rei Socialis*, 40.

superamento di ostacoli lungo il percorso. Il primo è stato quello della diffidenza. Nei vicoli della mia città, di Ercolano, ce n'era tanta. Queste famiglie ci guardavano con sospetto, come intrusi dannosi per il loro "lavoro". Eravamo di troppo.

Abbiamo incontrato compagni di viaggio per alleviare il carico. Armati di spirito di sopportazione e di speranza, riuscimmo a conquistare la fiducia delle famiglie e giorno dopo giorno la Locanda di Emmaus divenne luogo di condivisione, di studio, di ascolto, di preghiera di tanti "scugnizzi".

Abbiamo ascoltato le loro storie di violenza e di mortificazioni, le più crude, consumate all'interno delle loro stesse famiglie. Loro le vittime e gli spettatori.

7. "Allora si aprirono gli occhi e lo riconobbero" (Lc 24, 30-31).

"La locanda di Emmaus" era uno chalet completamente abbandonato. I proprietari erano persone colluse con il mondo della delinquenza, ed uno di loro ammazzato proprio in quel luogo.

L'idea era quella di avere una struttura significativa sul territorio della città che potesse diventare luogo di incontro dei giovani e con i giovani. È stato completamente ristrutturato, ed ha la possibilità di essere utilizzato in vari modi sia come sala per catechesi e incontri di preghiera, che come mensa e come scuola.

Lo abbiamo chiamato così perché volevamo dare l'idea di un luogo di vita comune, ma anche di accoglienza dove al centro ci fosse la solidarietà e la compagnia nella quotidianità.

Posto sul territorio della città e quindi visibile da tutti ma anche accessibile da tutti, credenti e non credenti, giovani delle nostre parrocchie e giovani di altre associazioni e movimenti. Al centro di tutto l'accoglienza con iniziative vicine ai giovani e la solidarietà.

Ci troviamo in terra di missione e di marginalità sociale, come allora coniugare queste situazioni del nostro territorio e legarle così alla vita dei giovani?

Ecco allora la proposta che abbiamo chiamato: "Mi fai conoscere e vedere il Cristo che tu vedi in questi piccoli?"

Abbiamo messo insieme alcune esigenze quella della missione, quella dell'evangelizzazione e, infine, quella della testimonianza della carità.

Il progetto è innovativo, perché, fa incontrare, attraverso momenti di vita insieme, di preghiera e di convivialità, i figli dell'agio e del disagio, facendo divenire tutti soggetti ed oggetti di una Pastorale che forma, coinvolge, rende protagonisti mediante il servizio e la carità.

Attraverso la mensa per i più piccoli (dai 7 ai 18 anni) abbiamo ricreato per loro un ambiente familiare. Completamente lasciati a sé stessi sono ora accolti da giovani e famiglie.

7.1. Quali gli obbiettivi ed il senso di questa esperienza ecclesiale:

a. Per i ragazzi e i giovani che non credono la vicinanza a situazioni di marginalità è diventata occasione per porsi la domanda sulla fede: mi fai vedere il Cristo che tu vedi in questi piccoli? Attraverso percorsi di promozione umana si sono create occasioni di evangelizzazione, di annuncio del Vangelo come stile e proposta per la propria vita e per la propria identità.

b. La formazione e la testimonianza di giovani volontari che scelgono di vivere la propria fede attraverso il servizio ai più poveri. Il servizio alla carità è stato il trampolino di lancio per una formazione evangelica e teologica mirata e solida. Nessun servizio alla carità che non è sostenuta da una formazione adeguata può sussistere nel tempo. Il rischio è che si spenga tutto in un attivismo volontaristico, che a poca a che fare con una scelta di vita alimentata dalla preghiera, dalla formazione e dalla vita comune.

c. Per gli stessi minori e le loro famiglia l'opportunità di crescere umanamente e spiritualmente, cioè far incontrare il Cristo attraverso la nostra vicinanza attraverso percorsi di promozione umana.

In sintesi: noi riconosciamo il Cristo in loro e loro imparano a trovarlo e conoscerlo attraverso di noi. Insieme senza differenze, i figli dell'agio e quelli del disagio.

La Locanda di Emmaus è un luogo che diventa casa, casa che accoglie, che forma, che orienta spiritualmente la vita e le scelte, che scioglie i legacci con il passato, pesante da dimenticare, ma più leggero da sopportare.

7.2. Quali i contenuti su cui ci confrontiamo per un cammino comune?

"Lo riconobbero allo spezzare del Pane" (Lc 24, 35):

La scelta dell'immagine della Locanda di Emmaus voleva richiamare la possibilità di avere strutture non "ecclesiastiche", cioè non legate direttamente alla parrocchia. Ma anche la possibilità di richiamare un luogo familiare dove tutti potevano ritrovarsi: giovani e adulti insieme, figli dell'agio e quelli del disagio, senza differenze.

Un luogo dove al centro c'era l'immagine dello spezzare del pane, simbolo di solidarietà e di compagnia nella vita degli uomini di questa terra. Famiglia, casa, cura, solidarietà, compagnia, tutti sinonimi della parola Carità.

I quattro verbi che hanno caratterizzato l'itinerario educativo sono:

Spezzare la propria vita con vite sepolte, nascoste, non riconosciute, negate, spesso coperte di vergogna.

Ritrovare le proprie fragilità, non aver paura di manifestarle, specchiarsi in vite più fragili e curare curandosi.

Condividere il proprio quotidiano con situazioni poco fortunate, danneggiate dal comune senso del vivere, donare tempo, attenzione, cura, impegno, e accorgersi che il proprio tempo è diventato più sereno, più autentico, scostato da tutti quegli stereotipi che la società propone per i nostri giovani.

Restituire dignità e vita perché ci si accorge che la propria vita è dono non per sé, ma per altri.

In questi 20 anni abbiamo tracciato con l'esperienza vissuta, quello che la Chiesa italiana individua nei **5 verbi** della traccia del convegno di Firenze[78].

Uscire: siamo usciti dalle nostre sacrestie per andare nei vicoli della città, per ascoltare storie e imparare dal silenzio dell'ascolto chi, cosa e come ***Annunciare*** il Cristo Signore della vita, che porta con sé il messaggio della misericordia e dell'amore.

Sempre più abbiamo imparato ad ***Abitare*** il territorio, ma soprattutto abbiamo offerto una comunità che fosse casa accogliente, una casa costruita per rimanere, non occasionale ma scelta di vita.

Abbiamo così intravisto nuovi percorsi per ***Educare*** le giovani generazioni ma anche gli adulti, convinti che solo insieme è possibile ***Trasfigurare*** la propria esistenza diventando protagonisti credibili e felici del Vangelo.

Senza far mai mancare la gioia che è la dimensione umana dello Spirito del Risorto. Partendo dalla sicura convinzione che tutti sono a "rischio" in questa società, che propone modelli educativi, diversi per strati sociali, ma che manifestano essenzialmente un unico disagio: la mancanza di affetti certi e di riferimenti forti, disagio che poi sfocia in molteplici aspetti relazionali e personali.

La Locanda di Emmaus è un'esperienza che viene dalla strada e ritorna ad essa, una chiesa in uscita, pronta sempre ad interrogarsi sui suoi metodi e stili di vita. Caminando insieme, partendo da un luogo che è casa, dimora sicura e certa.

La cura educativa, per come l'abbiamo vissuta in questi venti anni, ha

[78] Cfr. http://www.firenze2015.it/traccia/

mosso tutto il processo, sia quello antropologico che teologico-pastorale: luoghi recuperati e sottratti al degrado, giovani che ritornano ad essere visibili alla società e che diventano protagonisti della loro vita umana e di fede, adulti, giovani e famiglie che diventano strumenti credibili del Vangelo.

Il Dio Agape-Trinità che si fa Carità nella storia di ciascuno.

«Siamo cercatori di felicità, appassionati e mai sazi. Questa inquietudine ci accomuna tutti. Sembra quasi che sia la dimensione più forte e consistente dell'esistenza, il punto di incontro e di convergenza delle differenze. Non può essere che così: è la nostra vita quotidiana il luogo da cui sale la sete di felicità. Nasce con il primo anelito di vita e si spegne con l'ultimo. Nel cammino tra la nascita e la morte, siamo tutti cercatori di felicità»[79].

Questa ricerca della felicità, che è, fondamentalmente, sete di amore e di verità, ogni giovane la porta nel cuore e cerca ogni mezzo per soddisfarla. In lui, come in ogni uomo, sebbene non sempre riconosciuto, c'è un anelito di assoluto a cui egli, nonostante tutto, non smette di aspirare[80], e siamo chiamati a risvegliare e ad accompagnare.

---

[79] CEI, COMMISSIONE EPISCOPALE PER LA DOTTRINA DELLA FEDE, L'ANNUNCIO E LA CATECHESI, *Lettera ai cercatori di Dio,* 12 aprile 2009.

[80] Cfr. J. L. MORAL, *Desideri, sentimenti e... una pastorale giovanile con cuore,* Note di Pastorale Giovanile, 2 (2005), 35.

LA MISERICORDIA FORMA RELATIONIS PER EDUCARE I GIOVANI ALLA FRATERNITÀ E ALLA VITA DI FEDE.

1. Papa Francesco e la via della Misericordia.

Nella Evangelii Gaudium al numero 24, Papa Francesco suggerisce a tutti il volto autentico della Chiesa, mettendo al centro l'amore misericordioso, motore di tutta la vita del cristiano e della comunità credente. "La comunità evangelizzatrice sperimenta che il Signore ha preso l'iniziativa, l'ha preceduta nell'amore (cfr. 1 Gv 4,10), e per questo essa sa fare il primo passo, sa prendere l'iniziativa senza paura, andare incontro, cercare i lontani e arrivare agli incroci delle strade per invitare gli esclusi. Vive un desiderio inesauribile di offrire misericordia, frutto dell'aver sperimentato l'infinita misericordia del Padre e la sua forza diffusiva". (n.24).

Nella sua esperienza di pastore, Jorge Mario Bergoglio ha sperimentato tante volte che proprio l'esperienza di essere abbracciati dalla misericordia che perdona può risvegliare nelle coscienze degli uomini e delle donne di oggi la percezione del male, del peccato che indurisce il cuore, del bene che attrae e rende felici.

La misericordia diventa "generativa" nelle relazioni tra noi, gli altri, Dio e tutto ciò che ci circonda. La misericordia assume proprio il senso del grembo che feconda e genera nel tempo l'esperienza della vita cristiana; la misericordia racconta molto della nostra fede e ci dice quanto ci stiamo abbandonando all'amore di Dio, quanto per questo desideriamo ridare amore attraverso relazioni rinnovate e riconciliate.

La misericordia dice anche in che misura l'amore ci ha cambiati fino a produrre in noi atteggiamenti di apertura e compassione per l'altro. Cosi, lui ricorda a tutti, nella Evangelii Gaudium, che "bisogna accompagnare con misericordia e pazienza le possibili tappe di crescita delle persone che si vanno costruendo giorno per giorno" (n. 50).

In modo speciale Papa Francesco ha proposto ai giovani per le giornate mondiali della gioventù un percorso sulla Misericordia, culminato a Cracovia; nel messaggio per la XXXI Giornata mondiale della Gioventù del 2016 «Beati i misericordiosi, perché troveranno misericordia» (Mt 5,7), ha spiegato ai giovani che cos'è la misericordia: «Fare spazio all'altro dentro di sé, sentire, patire e gioire con il prossimo. Nel concetto biblico di misericordia è inclusa la concretezza di un amore che è fedele, gratuito e sa perdonare…

La misericordia del nostro Signore si manifesta soprattutto quando Egli si piega sulla miseria umana e dimostra la sua compassione verso chi ha bisogno di comprensione, guarigione e perdono. Tutto in Gesù parla di misericordia. Anzi, Egli stesso è la misericordia».

Così Francesco proseguendo la sua riflessione in forma narrativa, da testimone che parla cuore a cuore ai giovani, ha aggiunto: «Quando avevo diciassette anni, un giorno in cui dovevo uscire con i miei amici, ho deciso di passare prima in chiesa. Lì ho trovato un sacerdote che mi ha ispirato una particolare fiducia e ho sentito il desiderio di aprire il mio cuore nella Confessione.

Quell'incontro mi ha cambiato la vita! Ho scoperto che quando apriamo il cuore con umiltà e trasparenza, possiamo contemplare in modo molto concreto la misericordia di Dio. Ho avuto la certezza che nella persona di quel sacerdote Dio mi stava già aspettando, prima che io facessi il primo passo per andare in chiesa. Noi lo cerchiamo, ma Lui ci anticipa sempre, ci cerca da sempre, e ci trova per primo. Forse qualcuno di voi ha un peso nel suo cuore e pensa: Ho fatto questo, ho fatto quello…. Non temete! Lui vi aspetta! Lui è padre: ci aspetta sempre!».

È questa la forza della misericordia, che genera vita nuova attraverso una relazione significativa e autentica. La misericordia permette di creare ponti con noi stessi, ma anche con chi ci ha ferito e abbiamo ferito, ma soprattutto ci immette in un dinamismo che lontano dall'essere buonismo, genera relazioni gratuite con il prossimo, soprattutto con coloro che sono nelle difficoltà e nel disagio.

La misericordia e il perdono, ricevuto ed offerto, potranno salvare la nostra umanità e assicurare un futuro di speranza. Per questo nel messaggio il papa conclude con un appello accorato ai giovani: «Lasciatevi toccare dalla misericordia senza limiti per diventare a vostra volta apostoli della misericordia mediante le opere, le parole e la preghiera, nel nostro mondo ferito dall'egoismo, dall'odio e da tanta disperazione».

La conseguenza generativa-relazionale della misericordia si immette anche nel grande bisogno della nostra gioventù di sentire e affidarsi a relazioni autentiche. È quindi un percorso che parte da se stessi, raggiunge gli altri ma produce stile di vita riconciliati. Quindi non solo impegno per gli ultimi e i poveri, ma anche ricerca di vivere dentro realtà dove la relazione adulta e il bisogno di amore autentico possono trovare forma.

Il messaggio della GMG ai giovani del mondo, però, non è stato solo quello della misericordia con cui Dio ama e perdona ciascuno, ma anche quello del compito che ne scaturisce per chi è stato oggetto di misericordia: «La misericordia non è buonismo, né mero sentimentalismo. Qui c'è la verifica dell'autenticità del nostro essere discepoli di Gesù, della nostra credibilità in quanto cristiani nel mondo di oggi… Il messaggio della Divina Misericordia costituisce un programma di vita molto concreto ed esigente perché implica delle opere...

Incontro tanti giovani che dicono di essere stanchi di questo mondo così diviso, in cui si scontrano sostenitori di fazioni diverse, ci sono tante guerre e c'è addirittura chi usa la propria religione come giustificazione per la violenza. Dobbiamo supplicare il Signore di donarci la grazia di essere misericordiosi con chi ci fa del male... L'unica via per vincere il male è la misericordia.

La giustizia è necessaria, eccome, ma da sola non basta. Giustizia e misericordia devono camminare insieme».

2. L' Amore misericordioso Trinitario modello di relazione comunionale.

È attraverso il mistero del Dio-Amore che si fonda e si orienta la vocazione della persona umana alla carità e alla socialità poiché non esiste persona senza relazione con le altre persone: «L'uomo non può donare sé stesso ad un progetto solo umano della realtà, ad un ideale astratto o a false utopie. Egli, in quanto persona, può donare sé stesso ad un'altra persona e, infine, a Dio, che è l'autore del suo essere ed è l'unico che può pienamente accogliere il suo dono»[81].

Il Concilio Ecumenico Vaticano II ha messo al centro della sua attenzione pastorale la relazione sociale a tutti i livelli (i rapporti tra uomo e donna, i rapporti nella società, i rapporti tra i popoli) indicando la Trinità, comunità di Persone, come modello da seguire per intessere relazioni umane autentiche.

Tali relazioni devono essere vissute nella carità e nell'unità come dimensioni visibili della Trinità stessa[82]. L'amore evangelico infatti riflettendo nella storia umana l'essenza stessa dei rapporti intratrinitari, ne mette in atto la dinamica cosicché la socialità tra gli uomini diventa il segno tangibile del regno di Dio compiuto in Cristo[83].

La Trinità diviene così il programma di vita che permea di sé la socialità umana in tutti i suoi contesti, dalla vita familiare e comunitaria agli aspetti economici, politici e culturali. Dunque la sfida all'umanità di oggi è quella di

---

[81] PONTIFICIO CONSIGLIO DELLA GIUSTIZIA E DELLA PACE, *Compendio della Dottrina Sociale della Chiesa,* Ed. LEV, Città del Vaticano 2004, n. 55.

[82] Cfr. GS n. 21.

[83] Cfr. K. HEMMERLE, *Partire dall'unità. La Trinità come stile di vita e forma di pensiero,* Ed. Città Nuova, Roma 1998.

“Trinitizzare”[84] la vita sociale e le strutture che in cui essa si organizza.

In questo modo l’unione con Dio si configura come la radice della relazione da vivere in tutti gli aspetti della vita umana. Esistono elementi trinitari nelle relazioni economiche quando lo sviluppo è concepito come cooperazione, non discriminazione, ma rispetto delle diversità, partecipazione e uguaglianza.

Rapporti interpersonali trinitari si possono vivere nel mondo del lavoro, quando esso è espressione di solidarietà, di attenzione verso l’altro, di ricerca del bene comune. Così si possono sperimentare i frutti tipici della relazione sul modello trinitario: gioia, pace, generosità, giustizia, ecc.

Le leggi e l’esercizio della giustizia si muovono secondo il modello trinitario quando impediscono lo sfruttamento di alcuni esseri umani nei riguardi di altri, quando promuovono l’equità, la parità e l’uguale dignità di tutte le persone ma soprattutto dei più deboli e indifesi.

Anche chi svolge attività politica può creare relazioni trinitarie attraverso relazioni di fraternità e l’amore. Amare gli altri come se stessi, in politica come in altri campi, implica la croce, giacché si tratta di uno sforzo che esige sacrificio e suscita incomprensione[85].

Il modello trinitario consente dunque di rifondare le relazioni interpersonali in modo da amare per essere amati, così come avviene nella Trinità.

«La teologia oggi fa rilevare il fatto che noi riflettiamo il Padre, il quale nella Trinità è fonte e origine eterna dell’amore, nella misura, personalmente e socialmente, siamo fonte di amore disinteressato nei confronti degli altri.

Riflettiamo il Figlio che nella Trinità è accoglienza trasparente dell’Amore con gratitudine infinita, se sappiamo “lasciarci amare”,

---

[84] Piero Coda spiega il significato di “Trinitizzare” come “divenire Trinità” cioè essere uno in Gesù ed essere così ciascuno Gesù. Essa è una realtà verso cui ogni uomo è chiamato cioè quella di uscire dal suo isolamento per entrare in contatto con tutti gli uomini. P.CODA, La Trinità. Vita di Dio, progetto per l’uomo per una risposta alla sfida dell’oggi, Ed. Città Nuova, Roma 1987.

[85] Cfr. E. CAMBON, *Trinità modello sociale,* Ed. Città Nuova, Roma 2005, 22.

accogliendo l'amore degli altri: non è divino soltanto il dare, ma anche il ricevere per amore. Riflettiamo nella nostra vita lo Spirito Santo reciprocità dell'Amore tra il Padre e il Figlio (secondo la tradizione latina) e Amore del Padre e del Figlio che trabocca nella creazione (tradizione orientale), nella misura in cui, tra le persone, tra i settori sociali e le istituzioni, tra le chiese, tra i popoli, esiste reciprocità nell'amore: amore dunque non egoistico, chiuso "fra di noi", escludente gli altri, ma "estroverso", "traboccante", aperto al bene di tutti»[86].

Ogni essere umano che si relazione secondo il modello trinitario, si muove, spinto dallo Spirito, nel senso della solidarietà, del servizio, della partecipazione, del rispetto e della valorizzazione di ogni legittima diversità. I cristiani quanto più in stretta comunione saranno con il Padre, il Verbo e lo Spirito Santo, tanto più intimamente e facilmente potranno accrescere la mutua fraternità.

I presupposti per vivere le relazioni trinitariamente sono: la pericoresi (l'inabitare l'uno nell'altro), la kenosis (la totale oblazione), l'agape (l'essenza della vita intima di Dio).

La relazione vissuta in modo perfetta è la stessa che si è chiamati a vivere nel rapporto reciproco non solo tra gli individui, ma anche trai gruppi, le istituzioni, le chiese e i popoli.

Il compito è quello di costruire spazi relazionali di speranza, luoghi di fraternità, orizzonti di mistero per aprire la vita alla ricerca della Verità.

Il nucleo centrale della relazione trinitaria è l'enunciato: «Io sono in quanto tu sei, ogni Persona è sé stessa nel momento in cui fa essere l'altra»[87]. Ciascuna delle Persone della Trinità necessita dell'altra per essere sé stessa: Padre, Figlio e Spirito Santo dicono necessariamente relazione.

Gli uomini dunque mutuando tale modello possono vivere l'unità nella diversità. La pericoresi si attua su un triplice piano: quella intradivina che

---

86 *Ivi* 23.

87 *Ivi* 42.

sussiste ab eterno tra Padre, Figlio e Spirito Santo; quella tra Dio e l'uomo, comunicata in Gesù Cristo; e quella che si realizza tra i credenti quando vivono in modo pieno la trinitarietà.

Il modello e lo spazio per costruire rapporti interumani di stampo trinitario è mostrata dalla preghiera di Gesù al Padre: «Perché tutto siano una cosa sola. Come tu, Padre, sei in me e io in te, siano anch'essi in noi una cosa sola, perché il mondo creda che tu mi hai mandato»[88].

La Trinità non è semplicemente un modello, l'uomo è partecipe della stessa vita trinitaria. Dio ci ha fatto «Dono di ogni bene per quanto riguarda la vita e la pietà, mediante la conoscenza di colui che ci ha chiamati con la sua gloria e potenza. Con queste ci ha donato i beni grandissimi e preziosi che erano stati promessi perché diventaste per loro mezzo partecipi della natura divina»[89].

Essere partecipe significa essere inviato, essere e stare dentro una stessa realtà, quindi la persona non solo contempla per poi realizzare praticamente nell'agire, ma partecipa della stessa vita cioè della stessa comunione, della stessa santità, dello stesso amore perché tramite il dono della vocazione è incluso in quella relazione che sussiste tra le tre Persone Divine.

In definitiva l'uomo non ha un modello ma vive della vita divina. È comprensibile allora che una prassi pastorale autentica e significativa si realizza nella misura in cui è dentro il segno più grande: l'Amore trinitario.

C'è dunque un forte legame tra la vita della Trinità e la persona umana, tra la vita della Trinità e l'agire pastorale. Questo movimento relazionale si realizza nella misura in cui prende vita il donarsi. Questa verità della persona umana ma anche della prassi pastorale è il fondamento della comunità.

Quanto detto provoca una vera e propria rivoluzione: si passa dal "tanto hai, tanto vali" al "tanto dai, tanto sei".

La comunità, quanto l'agire pastorale, sono gli ambiti in cui si realizza

---

[88] Gv 17,21.

[89] 2Pt 1,3-4.

questa vocazione ad essere nella misura del dono proprio perché in principio è il dono e la sua chiamata a rispondere a questo dono con il dono di sé.

Nella Lettera Apostolica Novo Millennio Ineunte[90] San Giovanni Paolo II parla della spiritualità di comunione, termine nuovo, la cui primaria traccia è possibile riscontrarla nella Costituzione Dogmatica sulla Chiesa Lumen Gentium in cui la Chiesa viene identificata come Comunione.

La Comunione diventa l'essenza della vita cristiana, pastorale e missionaria.

La dimensione Trinitaria si riferisce alla Chiesa che è comunione con Dio Padre per mezzo di Gesù e lo Spirito Santo. Il cuore della Trinità, l'essere di Dio, è la donazione di Sé, c'è reciprocità e interdipendenza proprio perché Dio esiste nella comunione di persone l'una verso l'altra in continua donazione di Sé.

La dimensione fraterna fa riferimento alla chiesa come comunione di fedeli. Questa è la vocazione più alta dell'uomo, cioè entrare nella comunione con Dio e con i fratelli. Nessuna persona può crescere nell'isolamento e indipendentemente dagli altri. Ognuno si realizza nella relazione di comunione e nell'interdipendenza.

La spiritualità di comunione non è un'invenzione dell'uomo, né di un teologo ma è la spiritualità dell'unità e il Papa San Giovanni Paolo II ne delinea i tratti in maniera sublime: «Fare della Chiesa la casa e la scuola della comunione: ecco la grande sfida che ci sta davanti nel millennio che inizia, se vogliamo essere fedeli al disegno di Dio e rispondere anche alle attese profonde del mondo.

Che cosa significa questo in concreto? Anche qui il discorso potrebbe farsi immediatamente operativo, ma sarebbe sbagliato assecondare simile impulso. Prima di programmare iniziative concrete occorre promuovere una spiritualità della comunione, facendola emergere come principio educativo in

---

[90] GIOVANNI PAOLO II, Lettera Apostolica *Novo Millennio Ineunte*, (6 gennaio 2001), in AAS 93 (2001).

tutti i luoghi dove si plasma l'uomo e il cristiano, dove si educano i ministri dell'altare, i consacrati, gli operatori pastorali, dove si costruiscono le famiglie e le comunità»[91].

È fondamentale, nell'agire della Chiesa, avere la consapevolezza che il segno per eccellenza che veicola l'agire trinitario lo si trova nel vivere la spiritualità di comunione, perché oggi l'umanità ha bisogno di unità, ogni persona, popolo, nazione attende e desidera l'unità.

Purtroppo fino a oggi nella formazione e nell'esperienza di fede ha sempre prevalso una spiritualità individuale. È stato principio educativo attraverso il quale la società si è andata formando.

Una spiritualità di comunione realizza il sentimento dell'amore attraverso l'altro che si accoglie e si ama, si vede Gesù, si avverte nell'anima l'unione con Dio; la parola diventa il mezzo della comunicazione, dell'ascolto e dell'unità. La spiritualità di comunione è il mezzo per la Chiesa e la pastorale per pensare immediatamente alla necessità di creare rapporti d'unità[92].

3. Il desiderio di unificare la vita.

Da molti giovani di oggi, così uguali e così diversi, si alza un'implicita e sommessa invocazione: il faticoso desiderio di unificare la vita. Questa unificazione della vita passa, per molti tratti attraverso una nuova pedagogia dell'esperienza di fede, che è quella di una relazione così intensa e articolata da esprimersi concretamente nel bisogno di vita comune.

Infatti viviamo in un contesto in cui il rischio è di essere continuamente decentrati, di essere da tutte le parti e di non essere in nessuna, e di fronte a questa dispersione probabilmente il nostro compito è quello di riuscire a unificare il senso dell'esistenza, delle nostre relazioni, del nostro presente e

---

[91] NMI n. 43

[92] Cfr. NMI n. 45.

del nostro passato[93].

Ci sono delle spinte distruttive tra i giovani d'oggi che esigono d'essere interpretate. Al di là dell'immediatezza delle situazioni di sfiducia e smarrimento, s'avverte da parte dei giovani un reale bisogno di maggiore unificazione della vita.

I giovani sono stanchi, stanchi di essere sfilacciati, tirati da una parte e dall'altra; all'inizio affrontano questa molteplicità di situazioni con entusiasmo, ma poi progressivamente questo slancio viene meno, si logora, divenendo incapace di renderli perseveranti. La loro vita non appare unificata. Il dono della fede s'esprime in questa necessità umana.

Possiamo aiutare i ragazzi e le ragazze di oggi a unificare la loro esistenza intorno al mistero di Cristo. Dalla frammentazione giovanile nasce un'invocazione nascosta e sofferta verso l'unità del tempo e dell'amore; i giovani chiedono sempre di più di essere unificati nell'esistenza, nel modo di vivere i propri anni e le proprie relazioni.

Si percepisce in loro il desiderio di progetti lungimiranti e credibili, che sappiano accompagnare tutta la vita e che rendano convincente ogni prospettiva di fedeltà. Una significativa esperienza di vita comune può essere una risposta molto qualificata a questo bisogno di unificazione della vita.

La vita comune è un'esperienza pedagogica verso la maturità della persona.

Nei confronti della Chiesa molti giovani cercano relazioni autentiche e immediate, accano a nuove forme di vita ecclesiale.

Molti di loro non ricordano o non conoscono la vita ecclesiale e parrocchiale di qualche decennio fa, e francamente non sono neppure molto interessati a conoscerne il futuro. Chiedono implicitamente un linguaggio più immediato.

La comunità non coincide più semplicemente con l'anagrafe e con il

---

[93] Cfr. F. DOROFATTI, *Luoghi della fede nella società secolare*, in *Aggiornamenti sociali* (2002)7-8, 593-601.

territorio. In un mondo di non luoghi[94] sono necessarie nuove dimore per riscoprire il proprio volto, personale e comunitario, luogo di accoglienza e di responsabilità, attraverso cui impostare il proprio futuro.[95]

Molti giovani oggi hanno bisogno di conoscere la misericordia per ritornare a Dio. In questo senso allora la vita comune è una porta aperta sulla realtà del mondo. Proprio a partire dalla vita comune si viene aiutati a evitare il rischio dell'isolamento nei confronti della realtà del mondo, della vita sociale, della cultura, della politica e dell'economia.

4. Vita comune, luogo di misericordia.

Oggi i giovani hanno bisogno d'amore. Lo vanno ricercando disperatamente in tutte le maniere. Senza amore non c'è vita umana né autentica umanità. Accanto alla ricerca dell'amore spesso c'è anche molto dolore. Questo dolore ha molti aspetti: le circostanze incerte, le scelte sempre provvisorie, le pressioni sociali, le solitudini nascoste, tante tristezze, o eterne malinconie, tanta ricerca, tanta paura, e la stanchezza, spesso frutto di un'esagerata esuberanza di consumi.

Oggi molti giovani non crescono con un cammino lineare, ma molte sono le cadute, le prove andate male, gli atti di buona volontà esauriti. Essi hanno bisogno d'accoglienza e di perdono; hanno bisogno di molta misericordia. Solo da qui può venire una giusta fermezza.

Per questo, e per tanti altri motivi, le esperienze di vita comune possono essere proposti come luoghi di misericordia. Nessuno può dire di essere esente da questo bisogno. Se la comunità diventa un luogo di misericordia, è essa stessa un segno dell'amore misericordioso trinitario.

---

[94] Cfr. E. AUGÉ, *Nonluoghi. Introduzione a un'antropologia della surmodernità,* Elèuthera, Milano 1993.

[95] Cfr. E. LÉVINAS, *Totalità e Infinito,* Jaca Book, Milano 1965, 206-233.

L'adulto educatore dovrà esercitarsi molto nell'ascoltare, dovrà essere disponibile per favorire con i giovani colloqui e confidenza; i giovani cercano la possibilità di un confronto durante i giorni della vita comune con qualcuno che sappia attrarre, suscitare desiderio, comprendere, indirizzare con tenerezza e decisione.

La vita comune diviene il luogo della comprensione, che non significa accondiscendere a ogni spontaneità giovanile, ma accogliere e rivelare la verità. Nella vita comune si possono curare le ferite: la misericordia è veramente in grado di curare le ferite e di convertire il desiderio, dentro una proposta di vita in comune e di fraternità.

Può avvenire attraverso la vita comunitaria un'iniziale e reale trasformazione di sé; da sempre le persone, se incontrano veramente la misericordia di Dio, diventano benevolenti, non giudicano con asprezza, si riconciliano con il loro passato, provano, tra infinite incertezze, la novità del cammino.

La vita comune diventa il luogo dove iniziare il difficile esercizio della pazienza e della perseveranza; scoprire la fede come fedeltà di Dio; ritrovare la Chiesa come persone che si occupano singolarmente del giovane, lo ascoltano, l'incoraggiano, lo sottraggono da tempi lunghi della disaffezione e della solitudine.

La comunità è il luogo in cui scoprire la fede quale dono di Dio, custodito con amore dalla Chiesa. La vita fraterna è sempre stata una costante spirituale nella storia della Chiesa, e con il passare dei secoli la Chiesa ha sempre trovato forme nuove di vita comunitaria per rimanere fedeli al Vangelo, per trasmettere la fede alle nuove generazioni e per sostenere il popolo di Dio nella pratica della carità. In modo particolare da secoli ha affidato alla vita comune dei seminari il compito della preparazione dei suoi presbiteri.

Oggi, il cambiare dei tempi e delle culture, il trasformarsi delle comunità cristiane e la fatica dell'aggregazione giovanile ci suggeriscono di ritrovare e di proporre modelli e cammini nuovi per educare alla fede le giovani generazioni, e tra questi non può essere dimenticata la risorsa feconda della vita comune.

Per questo, volendo continuare l'opera del suo Signore, «la comunità cristiana si rivolge ai giovani con speranza: li cerca, li conosce e li stima; propone loro un cammino di crescita significativo. I loro educatori devono essere ricchi di umanità, maestri, testimoni e compagni di strada, disposti a incontrarli là dove sono, ad ascoltarli, a ridestare le domande sul senso della vita e sul loro futuro, a sfidarli nel prendere sul serio la proposta cristiana, facendone esperienza nella comunità. I giovani sono una risorsa preziosa per il rinnovamento della Chiesa e della società. Resi protagonisti del proprio cammino, orientati e guidati a un esercizio corresponsabile della libertà, possono davvero sospingere la storia verso un futuro di speranza»[96].

Stare accanto ai giovani, non solo li aiuterà a non smarrirsi nel viaggio della vita e a non permettere che essi cedano alla stanchezza e alla rassegnazione, ma significherà non voler rinunciare, in un mondo che cambia, a seminare la speranza e ad annunciare, nonostante tutto, il vangelo dell'amore di Dio, di un Dio che ha compassione di tutti e nulla disprezza di quanto ha creato, perché è un Dio amante della vita[97].

---

[96] CEI, *Educare alla vita buona del vangelo,* Orientamenti pastorali dell'episcopato italiano per il decennio 2010-2020, 4 ottobre 2010, Edizioni Paoline, Milano 2010, 32

[97] Cfr. Sap 11, 23-26.

GIOVANI PER UN NUOVO ETHOS ECOLOGICO

Viviamo oggi in un tempo di grande confusione

Le conseguenze che ne derivano sono sconcerto, angoscia, confusione, soprattutto in riferimento al futuro del mondo in termini culturali, ambientali e valoriali. In questa situazione tuttavia possiamo scorgere elementi non solo di distruzione, ma anche di creazione e di transizione da uno stato della condizione umana a un altro più evoluto.

1. L'era del frammento e dell'indifferenza

Alla luce della fede ogni tempo è occasione, kairòs, tempo opportuno per l'annuncio: Dio continua ad agire in ogni situazione e nei grandi mutamenti della storia. Chi deve farsi voce della sua Parola per l'uomo d'oggi, in particolare per i più giovani, non può ignorare i mutamenti culturali con i quali questi devono confrontarsi, mutamenti che riguardano non solo la crescita dell'individualismo e del consumismo, o il mondo della produzione e dell'economia, dei trasporti e delle comunicazioni. La crisi fondamentale di oggi riguarda le mentalità e la cultura e investe il senso dell'esistenza, l'uomo, il creato e l'ambiente.

Il cambio d'epoca che stiamo vivendo è un fenomeno di carattere culturale[98]. Le strutture che per secoli hanno retto il mondo moderno sono in crisi.

La vita è diventata una corsa contro il tempo; tutti si affrettano, il lavoro è all'insegna di una programmazione cronometrata per essere redditizio: lo

[981] Cfr. B. SORGE, *I cristiani nel mondo postmoderno. Presenza, assenza, mediazione?,* in La Civiltà Cattolica 134 (1983) II, 243-254.

stress è l'esito normale di questi ritmi di vita che fanno avvertire il bisogno di fughe nella solitudine di luoghi deserti e magari di qualche convento.

Il nostro tempo sembra aver rinunciato a mete ideali d'alto profilo.

Ripiegandosi nell'effimero accomodante insieme a una esasperata ricerca del benessere (costruito esclusivamente su misura dell'individuo) la cultura odierna fa emergere un'immagine dell'uomo efficiente fisicamente e psicologicamente roccioso, esteticamente incline al perfetto (o quasi), rampante in cerca di successo (cioè, d'affermazione del proprio potere sull'altro), moralmente ed eticamente norma a se stesso, proteso a vivere oltre i propri limiti, determinato alla difesa del proprio privato (che non tollera intrusioni di sorta), in ultima istanza pronto al disprezzo dei bisogni altrui.

Ma, dietro la facciata di tanta forza e sicurezza, quanti drammi d'inferiorità (fisica e psichica), dipendenza e solitudine, grettezza ed egoismo, sterilità[99].

Volendo cogliere alcune note che caratterizzano l'ambiente socio-culturale d'oggi, possiamo dire che i giovani vivono nel tempo del frammento e nel tempo in cui si "prescinde" da Dio. I sociologi parlano di una modernità "liquida", tipica del nostro tempo, in cui nulla è fisso, nulla è certo, tutto è sfuggente e mobile.

È il tempo della crisi[100], tempo della "postmodernità", caratterizzata dalla

---

[992] A proposito alcune interessanti panoramiche: M. POLLO, *Modelli di approccio alla "condizione giovanile"*, in F.-V. ANTONY e altri (curr.), *Pastorale giovanile. Sfide, prospettive ed esperienze*, Leumann (Torino) 2003, 21-32; P. DONATI - I. COLOZZI (curr.), *Giovani e generazioni. Quando si cresce in una società eticamente neutra*, Bologna 1997, 14-15; A. DAL LAGO - A. MOLINARI (curr.), *Giovani senza tempo. Il mito della giovinezza nella società globale*, Verona 2001.

[100] Cfr. E. PACE, *Crisi*, in F. DEMARCHI - A. ELLENA - B. CATTARINUSSI, *Nuovo Dizionario di Sociologia*, Cinisello Balsamo (Milano) 1987, 1955-1963. In questa voce si analizza il concetto di "crisi" come origine della sociologia, e si afferma che nella storia umana vi è alternanza di «epoche *organiche* e di epoche *critiche*: [... le prime] furono l'antichità e il medioevo, caratterizzate da una solidarietà fondata su una visione del mondo comune che produceva un senso di appartenenza totale fra i soggetti sociali; quelle *critiche* sono le epoche che scandiscono la nascita della società industriale moderna e che passano attraverso momenti cruciali, quali la riforma protestante, la rivoluzione industriale e la rivoluzione francese» (1955-1956). Cfr. pure G. CAMPANINI, *Verso una società dell'indifferenza?*, in *Aggiornamenti Sociali* 36 (1985) 9-10, 601-616; E. CHIAVACCI, *Crisi del sistema politico come crisi dei valori*, in *Rassegna di Teologia* 29 (1988) 409-418; G. DE RITA, *Di fronte ai valori per una nuova società*, in *Note di Pastorale Giovanile* 24 (1990) 7, 3-45; G. MILANESI, *Le*

"cultura del frammento": siamo come frammenti galleggianti nello scorrere della vita[101]. Questa è un blob, un accavallarsi di flash, di notizie, volti, situazioni, eventi, una miriade di frammenti disarticolati che faticano a fare unità, progetto.

La caduta dei grandi "castelli ideologici" ha generato smarrimento rispetto al futuro, il quale non appare più luminoso, portando con sé una sorta di sfiducia verso la ragione umana, ritenuta incapace di raggiungere la verità.

Di qui l'emergere del "pensiero debole" e dei "frammenti di verità" a scapito del "pensiero forte metafisico" e dei sistemi di pensiero "globali", con inevitabili cadute nello scetticismo e nel nichilismo etico.

«La totalità cede il posto al frammento; la divisione e la separazione sembrano regnare dove prima era ordine e unità; tutto diventa fluido, discontinuo, interrotto. Si dà un addio alle certezze per navigare verso l'ignoto.

Questo addio inquieto è l'insorgere del tempo postmoderno: tempo di poeti, di pensiero debole, di avventure della differenza di crisi dell'ideologia»[102]. Il mondo postmoderno, è tuttavia una sfida. Il futuro si gioca tutto sulla capacità che avremo di restituire il primato della visione trascendente su quelle immanenti della vita e della storia, e il primato della persona sulle strutture[103].

È un tempo che interpella la chiesa, con il rischio però di un irrigidimento e arroccamento, sancendo così, da una parte, l'assenza dei cristiani e della

---

trasformazioni strutturali e culturali in Italia, in *Note di Pastorale Giovanile* 17 (1983) 2, 59-65; I. VACCARINI, *Crisi nelle società occidentali e presenza cristiana,* in *Aggiornamenti Sociali* 37 (1986) 2, 107-120; ID., *Cultura dominante e crisi esistenziale*, in *Aggiornamenti Sociali* 40 (1989) 1, 13-28.

101 Sul tema della "postmodernità": *Immagini del postmoderno,* Venezia 1983; M. FERRARIS, Tracce. Nichilismo, Moderno e Postmoderno, Milano 1983; J.-F. LYOTARD, *La condizione post-moderna. Rapporto sul sapere,* Milano 1981; G. VATTIMO, *La fine della modernità. Nichilismo ed ermeneutica nella cultura contemporanea,* Milano 1983; A. VILLANI, *Le chiavi del postmoderno: un dialogo a distanza,* in Il Mulino 35 (1986) 303, 5-22; F. VOLPI, *Nuova trasparenza e paradigmi di razionalità nella dialettica di moderno e postmoderno,* in G. BARBIERI - P. VIDALI (curr.), *Metamorfosi dalla verità al senso della verità,* Bari 1986, 169-190

102 B. FORTE, *Sui sentieri dell'Uno. Saggi di storia della teologia,* Cinisello Balsamo 1992, 213.

103 Cfr. SORGE, *I cristiani nel mondo postmoderno,* 248.

comunità cristiana dalla storia e, dall'altra, l'incapacità progettuale ed educativa, che finirebbe di fatto con la marginalità e la squalifica culturale del cristianesimo[104].

2. I mutamenti culturali e le giovani generazioni.[105]

Quale destino il mondo riserva ai nostri giovani? Quale ethos o stile di vita hanno essi assunto? L'ethos, termine usato nella riflessione morale già a partire dalla filosofia greca ha una duplice radice – ethos con la "e" lunga (età) significa abitazione, dimora abituale, e ethos con la "e" corta (epsilon) significa abitudine. Con la parola ethos s'intende, quindi, l'atteggiamento costante, il riferimento anche ai determinati valori, di una persona o di una comunità.

Lo stile di vita significa un modo di vita caratteristico dei gruppi e degli individui; evidenzia, quindi, le note durevoli e quasi strutturali, dei

---

[104] Alcuni sociologi ritengono che nella condizione socio-culturale attuale, per la religione si configuri una situazione per certi aspetti inedita; anziché l'eclissi del sacro, proclamata agli inizi degli anni '60 del secolo scorso, i nostri anni vedono l'eclissi della secolarizzazione, anch'essa frutto paradossale della crisi della modernità. Non mancano all'interno di tale riflessione divergenti posizioni sull'evolversi dei rapporti tra religione e società: alcuni ritengono la secolarizzazione come riorganizzazione permanente della religione, cioè che esista un nesso tra la crisi della modernità e la persistenza della religione e che trova la sua espressione sociale non tanto nella gerarchia- istituzione, quanto in una rete di comunità definite emozionali; altri, come Vattimo e i filosofi del pensiero debole, sostenitori della teoria della secolarizzazione come Verwindung, cioè come rapporto obliquo con la religione, al tempo stesso di conservazione-distorsione- svuotamento, pensano che l'esperienza della secolarizzazione sia ormai consumata e il rapporto stabilito con la religione si ferma a una mera pietas, come atteggiamento interiore dell'individuo.

Altri ancora non ritengono proponibile un rapporto, e pensano alla secolarizzazione come totale delegittimazione e ricominciamento del pensiero, sotto forma di mito, per di più esoterico, approdando così a una forma di gnosi. Infine, una posizione pensa la desecolarizzazione come persistenza della religione al di sotto della modernità e già oltre la sua crisi, cioè la riscoperta della religione che nella sua antimodernità ha custodito una concezione dell'uomo, che è già oltre la modernità e la sua crisi.

Cfr. S. MARTELLI, *Post-modernità e religione*, in Aggiornamenti Sociali 42 (1991) 5, 335-348; D. HERVIEU LÉGER, *Verso un nuovo cristianesimo? Introduzione alla sociologia del cristianesimo occidentale*, Brescia 1989; J.-F. LYOTARD, Il postmoderno spiegato ai bambini, Milano 1987; G. VATTIMO, *La fine della modernità. Nichilismo e ermeneutica nella cultura postmoderna*, Milano 1985; ID., La società trasparente, Milano 1989.

[105] Cfr. C. BUZZI - A. CAVALLI - A. DE LILLO, *Giovani del nuovo secolo. Quinto rapporto IARD sulla condizione giovanile in Italia,* Bologna 2002, 19-39.

comportamenti e atteggiamenti caratteristici. Tutti e due i termini ethos e stile di vita si riferiscono al vissuto concreto, all'insieme di valori espressi nella vita concreta.

I cambiamenti culturali provocano inevitabilmente anche nuovi stili di vita. Coloro che li assumono facilmente sono le nuove generazioni.

I nostri contesti culturali hanno poco rispetto dell'ambiente perciò una delle sfide educative è quella di rilevare possibili terreni comuni per educare a nuovi stili di vita, un nuovo ethos che investa giovani e adulti.

Ecco una breve lista di alcuni elementi di crisi che hanno trasformato i nostri comportamenti e, in particolare, quelli dei giovani[106]:

a. Un arcipelago frammentato.

La società di oggi appare sempre meno come un tutto unitario e diventa sempre di più un arcipelago frammentato, in cui non ci sono concezioni, sistemi di valori, visione della vita che abbiano la pretesa, o possano imporsi come egemoni; ma esiste una frammentazione, una dispersione estrema in cui nessuno più sa se esista la verità, se possa esistere una verità, o se esiste una concezione del mondo e della vita proponibile alla maggioranza delle persone e non solo a una ridotta minoranza.

[106] *Cfr.* A. MASTANTUONO, *Volontariato e profezia, nella società e nella chiesa*, Bologna 1992, 30-70; G. SOVERNIGO, *Progetto di vita. Alla ricerca della mia identità*, Leumann 1991, 196ss; C. NANNI, *I miti dell'uomo moderno e la loro crisi*, in Note di Pastorale Giovanile 16 (1982) 4, 45- 54; ID., *L'antropologia dei temi generatori*, in Note di Pastorale Giovanile 17 (1983) 1, 13-20; ID., *Le nuove tendenze antropologiche. 1. L'uomo dei bisogni radicali*, in Note di Pastorale Giovanile 16 (1982) 5, 47-55; ID., *Le nuove tendenze antropologiche. 2. L'uomo nichilista*, in Note di Pastorale Giovanile 16 (1982) 6, 59-64; ID., *Le nuove tendenze antropologiche. 3. L'uomo cibernetico*; *L'uomo dell'autorealizzazione*, in Note di Pastorale Giovanile 16 (1982) 7, 51-59. Inoltre, una delle questioni che certamente avranno un rilievo nelle nostre realtà è l'attenzione che si presterà al momento educativo in questi prossimi dieci anni, teso a dare le linee nuove di tendenza perché la comunità (giovani e meno giovani) possano acquisire i criteri di valutazione che cambino il tessuto della vita sociale a partire da nuovi valori, tra questi la scuola, la politica, la legalità e tutti i temi che riguardano la pre-evangelizzazione. Cfr. P. DE GIORGI, *Luoghi di educazione politica: la scuola, oggi,* in Note di Pastorale Giovanile 25 (1991) 5, 13-18; M. DELPIANO, *Educazione alla legalità in vita quotidiana*, in Note di Pastorale Giovanile 27 (1993) 1, 83-90; U. DE VANNA, *Educare oggi all'impegno politico*, in Note di Pastorale Giovanile 11 (1977) 8, 18- 65; F. LOMBARDI, *La formazione dei laici all'impegno politico*, in La Civiltà Cattolica 138 (1987) IV, 543-554; C. NANNI, *Educazione e politica*, in Note di Pastorale Giovanile 25 (1991) 3-4, 14- 22; L. PIROVANO, *Politica, educazione, fede*, in Note di Pastorale Giovanile 25 (1991) 3-4, 5-8; R. TONELLI, *Educare alla fede con un occhio alla politica*, in Note di Pastorale Giovanile 25 (1991) 3-4, 131-141.

b. Società senza memoria e sogni.

Viviamo in una società senza me-moria, senza sogni e senza progetti, una società che va costruendo una capacità di vivere il presente tale che in passato non è mai stato vissuto.

Siamo dentro una grande crisi della temporalità, che investe un presente non vissuto intrecciandolo col passato e con il futuro, che investe quindi quella visione di vita intesa come una storia, come responsabilità rispetto al passato e rispetto al futuro, una vita intesa come progettualità.

C'è tuttavia in questa crisi la riscoperta del presente, che consenta alle persone un maggior rapporto con sé stessi, con gli altri, con l'autenticità della vita. È chiaro che si parla della riscoperta di un presente senza uccisione del passato e del futuro.

c. La sparizione dei calendari sociali.

Viviamo ormai immersi in contesti in cui non c'è più differenza tra giorno e notte, festivo e feriale. Le grandi città sono aperte 24 ore su 24 senza sosta.

Nel giro di qualche anno non avremo più un calendario cadenzato tra giorno e notte, festivo e feriale, bensì un calendario omogeneo. In questa destrutturazione del tempo c'è un'altra sfida per le nuove generazioni, solo se si impara a strutturare e a organizzare, a ordinare e scandire il tempo si coglie il senso della vita. Se questo scompare che cosa succede? Un elemento di speranza presente in questo contesto è la possibilità delle persone di immaginare calendari legati direttamente alle proprie soggettività, al proprio ritmo individuale. Ma questo dove porta?

d. L'isolamento in rete[107].

Un altro elemento di crisi o di transizione è quello che viene chiamato la solitudine in rete. Stiamo andando verso una realtà sociale in cui sempre più siamo legati con gli altri, interconnessi, con una serie di strumenti che ci collegano sempre di più in rete con gli altri. Legati nella comunicazione con gli altri, siamo sempre più relazionalmente isolati. Viviamo sempre di più una realtà in cui la persona vive la solitudine in rete.

e. Una società senza il pudore dei sentimenti.

Una società senza privacy in cui l'intimità, la riservatezza e il pudore, tendono a sparire perché ormai la scena e i retroscena sono fusi. Tutto diventa pubblico, tutto diventa oggetto di spettacolo. Basta pensare a quelle trasmissioni televisive in cui vengono esibiti sentimenti o fatti privati che in questo modo vengono mandati via etere e resi di pubblico dominio. In una società che tende ad abolire la privacy tutto deve essere comunicato. Che cosa significa? Significa che l'autenticità esiste solo quando la persona rinuncia pienamente a un proprio spazio segreto. Tutto deve essere visibile.

f. Una società senza luoghi.

Che cosa si intende per "luogo"? In senso antropologico il luogo è uno spazio umanizzato che offre a chi lo abita una identità, un sistema di relazioni particolari, l'appartenenza a una storia, lo inserisce in una vicenda umana. Un altro elemento di crisi è appunto una società senza più luoghi, costruita su non-luoghi.

La diversità dei luoghi va sparendo perché tendiamo a vivere in un luogo unico e l'abitare in un luogo particolare non offre più una specifica identità. Un luogo aveva la funzione di costringere le persone ad assumere un certo

---

107 Cfr. P. SCANDIZZO, *La realtà digitale e i giovani*, in G. IANNICELLI (cur.), *E-gener@tion. Cinema, educazione, società nella rivoluzione multimediale,* Roma 2002, 105-112; G. LEVI - J. C. SCHMITT (curr.), *Storia dei giovani*. II. *L'età contemporanea*, Bari 1994.

modello relazionale.

Questo oggi non esiste più, i luoghi sono interscambiabili, non offrono più identità, non offrono particolari sistemi relazionali e, soprattutto, non inseriscono nel tempo e nella storia. In compenso fioriscono i non-luoghi.

Cosa sono i non-luoghi? Sono spazi spersonalizzanti che svolgono delle funzioni che non ti danno identità, non ti obbligano a particolari sistemi relazionali, non ti offrono storia: sono i grandi ipermercati, supermercati, le grandi stazioni, gli aeroporti, i grill delle autostrade, le autostrade stesse, i luoghi dove si scambiano le merci, dove si scambiano le persone.

Un esempio particolare sono i grandi centri commerciali che vanno nascendo alle periferie delle città e nei quali la gente ha la possibilità di andare al cinema, a mangiare una pizza, passare qualche ora di relax, fare una passeggiata con la propria famiglia o con i propri amici: il non-luogo è lo spazio dove tutto diventa omogeneo.

g. Una società senza bambini e senza adulti.

Un altro dei punti di crisi è quello di una società senza bambini e senza adulti. Assistiamo oggi alla scomparsa dell'infanzia. L'idea dell'infanzia come età protetta è una conquista recente (fine Ottocento, inizio del Novecento).

Si è andata affermando un'idea nella quale il bambino deve essere separato, non segregato dal resto della società, ma protetto, verso il quale occorre sviluppare particolari modalità educative.

Si sono affermati modelli educativi di socializzazione per cui ai bambini, a seconda delle età, si danno informazioni e gli si fanno fare esperienze particolari da sviluppare nel tempo.

In questo contesto, gli adulti nei confronti del bambino si comportano in un modo diverso da come si comportano tra di loro, danno un'immagine di sé particolare, selezionano il linguaggio…

Questo modello è sparito con la diffusione della televisione: il bambino fin da piccolo ha accesso alla vita sociale attraverso la televisione, che gli propone un linguaggio che lui può benissimo comprendere. Il bambino accede a questo mondo e con questo mondo socializza precocemente, vedendo di tutto: dal poliziotto, alla prostituta, alla morte… Il bambino diventa precocemente "maturo". Scompare l'infanzia come luogo protetto e separato per una precoce immissione del bambino nella vita adulta.

Allo stesso tempo abbiamo adulti che non crescono. Mentre il bambino viene precocemente reso responsabile dei suoi atti, l'adulto tende a deresponsabilizzarsi. Questo indica che è in atto una profonda trasformazione anche rispetto alle età che va sconvolgendo i modelli educativi tradizionali.

Educhiamo come se esistesse ancora la "separatezza" del bambino e non di un bambino che ha visto fin dai primi anni di vita migliaia di ore di televisione. La nostra è una società in cui gli adulti non ci sono, e i giovani incontrano sempre meno figure significative.

h. La società dell'afasia.

Un altro elemento di crisi è l'afasia: l'incapacità di questa cultura sociale di dire parole vere, di parlare in modo autentico. La nostra è una società in cui la parola non è fedele a ciò che nomina preferendo inseguire l'immagine sul piano dell'irrealtà.

Questi elementi di crisi, che apparentemente sembrerebbero farci pensare a eventi difficili da gestire, possono aprirsi contemporaneamente a una doppia direzione, o verso un esito regressivo o verso un esito evolutivo.

C'è, quindi, la probabilità che la transizione vada verso un salto di qualità, ciò però richiede che la crisi sia colta come sfida attraverso l'elaborazione di nuovi processi educativi e formativi, per aiutare le giovani generazioni a progettare un ethos che li abiliti al rispetto del creato e alla sopravvivenza della vita sul pianeta Terra. Si tratta di sviluppare una nuova mentalità, un modo nuovo di percepire il rapporto con l'ambiente e il futuro del mondo, che aiuti a sviluppare possibili itinerari giovanili per un nuovo ethos ecologico.

3. Possibili itinerari educativi per le giovani generazioni

A partire da quest'analisi è possibile tracciare alcuni elementi che risultino come fondativi nella costruzione di una nuova mentalità, di un nuovo ethos che metta insieme il futuro del mondo e la sfida educativa per i giovani del nostro nuovo millennio.

Tra questi[108]:

Un ethos della sobrietà, che estirpi dal cuore dell'uomo la brama di possedere e restituisca il primato all'essere; capace di condurre i nostri giovani, e gli stessi adulti, a usare le enormi risorse della terra senza abusarne; che insegni a evitare l'inutile, il superfluo, l'effimero – atti solo per soddisfare falsi bisogni indotti che mettono a repentaglio l'integrità della natura – e che, infine, purifichi lo sguardo e faccia scopri re che il mondo non è una preda da saccheggiare, ma un giardino da custodire.

Un ethos dell'armonia, che permetta di entrare in sintonia con l'alterità – sia essa rappresentata da un uomo, da una pianta, da un animale, dall'ambiente stesso – senza dominarla, ma esercitando un'azione di custodia; che faccia agire sempre nel rispetto del valore proprio di ogni realtà naturale; che introduca efficacemente a una giustizia autentica fra gli uomini e i paesi della terra e fra tutte le specie; che mostri come orientare la natura al bene umano attraverso equilibri ambientali, senza turbarli.

---

[108] Cfr. S. MORANDINI, *Nel tempo dell'ecologia. Etica teologica e questione ambientale,* Bologna 1999; ID., *Il lavoro che cambia. Un'esplorazione etico-teologica,* Bologna 2000; CH. BIRCH - L. VISCHER, *Vivere con gli animali,* Torino 1999; H. JONAS, *Il principio responsabilità.*

Un ethos della diakonia, del servizio, perché, come la signoria di Dio è Amore e Provvidenza nei confronti dell'uomo e della natura, così la signoria umana è "ministero" nei confronti del mondo: è passare dal disimpegno all'impegno; è lasciarsi coinvolgere dal problema ambientale come cosa propria, è porre responsabilmente le risorse dell'ingegno a servizio dell'integrità del cosmo.

Un ethos dell'ecologia come quello di san Francesco, perché il Poverello di Assisi è il fratello universale: fratello di tutti, degli ultimi e dei poveri, che, nella povertà, ha scoperto il segreto della solidarietà e della condivisione. San Francesco è l'uomo nuovo, che ha rivolto al mondo uno sguardo trasparente e ammirato che ha restituito freschezza e verginità al mondo violato dal peccato umano.

Egli è l'uomo libero, che ci insegna a stare nel mondo con libertà e gratitudine, perché ha liberato il cuore dalla smania di possesso ed è passato dalla logica della violenza a quella della pace, dal dominio al servizio.

3.1. Aspetti necessari nella metodologia educativa

Da questi fondamenti essenziali possiamo trarre alcune dimensioni fondamentali su cui orientare percorsi educativi per le giovani generazioni[109]. E a proposito di itinerari ci preme chiarire alcuni concetti riguardo alla formazione dei giovani in questo decennio in cui siamo chiamati a interrogarci sull'emergenza educativa.

Perché gli itinerari possano essere segno di liberazione e significativi nella vita dei giovani, è necessario un'attenzione sincera e totale nei loro confronti.

Come ogni itinerario si richiede pazienza e attesa amorevole, perché ciò

[109] Cfr. R. TONELLI, *La responsabilità della comunità cristiana verso i giovani*, in *Note di Pastorale Giovanile* 32 (1998) 6-8; C. M. MARTINI, *Itinerari educativi. Seconda lettera per il programma pastorale "Educare"*, Milano 1988, 19; L. A. GALLO, *Beati voi. Il Vangelo e la felicità dei giovani*, Leumann 1997, 9.

che è legato al campo educativo e all'evangelizzazione non è mai automatico e scontato, ma richiede tempo, conquista e fatica.

A volte molti dei nostri progetti rischiano la sterilità, se non si aprono all'amore gratuito, libero e liberante di Dio, e all'azione di questo amore nei cuori dei giovani di buona volontà.

I percorsi educativi, quindi, hanno bisogno di muoversi sui fili dell'accompagnamento personale, per tentare di trasformare la forte spinta soggettivistica, ponendo al centro la crescita verso la responsabilità e l'autonomia, attraverso la strategia del capire vivendo, del maturare scegliendo. In altre parole: l'ascolto, il camminare, l'interrogarsi, il verificare le proprie scelte, devono condurre il giovane a essere protagonista, a sua volta, di una proposta di un itinerario con gli altri e per gli altri.

Ciò ha bisogno di un metodo fatto di gradualità e di umiltà, come si richiede per coloro che scelgono di educare, dove i frutti della raccolta non sono immediati, dove saper dire la fede è porre anche le domande giuste, dove le scelte vanno continuamente verificate, sul modello della prova e riprova, perché la garanzia di avere il dono di Dio in Cristo Gesù non coincide con la garanzia di avere gli strumenti adatti per farlo passare.

Dove resta importante privilegiare un accompagnamento discreto, del "gomito a gomito", dove ci si trova gli uni accanto agli altri, condividendo le stesse esperienze. Ciò potrebbe avere dei vantaggi: innanzitutto corrispondere al bisogno di relazioni immediate, un bisogno sempre più avvertito nelle nostre comunità, dove le convinzioni si trasmettono attraverso comunicazioni interpersonali, che fa sentire tutti soggetti responsabili, dove ci si educa alla riflessione sugli avvenimenti della vita e a cercare possibili accordi tra esistenza e Vangelo, andando così oltre le frasi fatte e i luoghi comuni.

Ciò richiede alcune capacità affinché gli itinerari educativi abbiano delle buone gambe: stare nella realtà giovanile, entrare in relazione e saper comunicare. Lo stare è duro e faticoso, in quanto richiede di saper cogliere la ricchezza e insieme la fragilità del mondo giovanile vivendoci dentro senza confondersi con esso; ciò richiede alcune abilità che possono essere acquisite con il tempo e l'esperienza: innanzitutto imparare a leggere e a decifrare i volti dei giovani.

Quando si dice giovani non si dice qualcosa che più o meno ingloba un po' di tutto, ma si dice un insieme di realtà diverse e distinte: dal punto di vista formativo è necessario saper leggere tra le righe e avere lo sguardo sempre capace di cogliere, sentire, scoprire ciò che ogni volto presenta, senza giudicare e senza etichettare.

Entrare in relazione è la dimensione più delicata di ogni intervento educativo: richiede la consapevolezza della asimmetricità che riguarda l'esperienza di vita, la scelta di fede, la maturità personale.

La consapevolezza della disparità, non assoluta, favorisce una comunicazione scambievole, che permette l'intervento educativo, per garantire una non identificazione con colui con cui si entra in relazione, sapendo cogliere le esigenze e le problematiche dell'altro senza confonderle con le proprie.

Entrare in relazione dice anche la capacità di rapportarsi in modo vero e autentico, farsi compagno di un cammino sempre propositivo, dove oltre alla complementarietà sia vissuta anche la reciprocità, perché la diversità venga percepita come ricchezza e come possibilità di crescita anche per sé.

Chi entra in relazione non si pone mai come colui che possiede le ricette già fatte o la verità in tasca, ma offre disponibilità al confronto, al cambiamento, riconosce i propri e gli altrui limiti, valorizza le proprie e le altrui abilità.

Lo stare insieme, entrare in relazione, comunicare con i giovani li favorisce e li abilita al cammino: occorre liberarsi dalla tentazione di realizzare qualcosa, chi sta con i giovani è destinato a scomparire, è colui che può offrire, di volta in volta, aiuto e sostegno, ma del quale si può fare a meno; è lì sempre pronto, ma non invade mai, sa essere umile e sa attendere i tempi e le modalità richieste dai giovani.

È necessario perciò farsi compagni di strada che, liberi da nostalgie e paure, sappiano affrontare con loro il rischio di tradurre, magari in maniera abbozzata e imperfetta, certamente non eterna, i bisogni e i linguaggi dei giovani in un annuncio carico di gioia.

3.2. Tracce per percorsi educativi con i giovani

Sappiamo che la parola "itinerario" potrebbe portare a equivoci e ad attese, in quanto si richiede una complessità maggiore di quella della nostra proposta. Intendiamo questo termine come un tracciare percorsi, lanciare proposte, un camminare accompagnando, attraverso riflessioni e accenni che aprono nuovi orizzonti. Per questo proponiamo alcune dimensioni che riguardano la sfera educativa dei giovani nell'ambito di un recupero dell'etica dell'ambiente, su cui poi tracciare itinerari con maggiori e futuri approfondimenti:

Partiremmo dalla dimensione della riscoperta del tempo. Il compito è di aiutare la persona a scoprire la vita come un progetto aperto, che si inserisce in una storia, che ne costruisce un'altra. Vita intesa come progetto aperto verso il futuro e con una sua coerenza.

La vita ha bisogno di essere incanalata dentro una memoria che non può essere cancellata, una memoria che fonda l'identità, ma che è premessa necessaria per proiettarsi verso un futuro migliore e vivibile.

Un'altra dimensione è sicuramente quella dell'umanizzazione dello spazio: ricostruire dei luoghi, non per tradizione, ma per qualità dei rapporti umani. Si possono ricostruire luoghi attraverso la costituzione di comunità, dove comunità significa non isolamento né chiusura rispetto agli altri, ma assunzione di responsabilità.

Comunità significa aprirsi allo spazio dell'alterità, scoprire che la propria realizzazione individuale avviene solo se si sostengono gli altri nella loro realizzazione. Se c'è questo principio di alterità, e di responsabilità, forte è il senso di comunità.

La comunità può ricostruire luoghi, può ritessere trame e relazioni di luoghi in un modo diverso anche rispetto al passato, mettendo insieme sinergie e realtà che possono solo nell'apparenza essere diverse ma che possono convergere verso lo stesso fine.

L'educazione al silenzio. Un altro degli elementi forti di recupero è la riscoperta del silenzio e la dimensione dell'interiorità, la capacità cioè di fare silenzio e guardarsi dentro; ciò non significa tacere, ma svuotarsi per lasciarsi conquistare dagli altri, dalla realtà, dal mondo e anche da se stessi e da Dio; è capacità di lasciarsi riempire da un altro, è capacità di restare soli.

Questa è una cosa molto difficile, perché può suscitare angoscia nell'animo dei giovani non più abituati ai tempi del silenzio. Eppure la via della solitudine, accanto alla via dell'alterità è indispensabile. Non può esistere alterità se non c'è solitudine. Le due devono esistere e camminare a fianco.

È questa la dimensione che educa alla capacità dell'ascolto di ciò che ci circonda per realizzare progetti per il bene comune. Solo chi sa ascoltare nel silenzio riesce ad aprirsi nell'incontro con l'ambiente e con l'umanità. Una società estremamente logorroica non potrà mai capire quali siano veramente le esigenze che urgono per il futuro del mondo e dell'umanità.

Infine, la riscoperta della valenza dell'essere adulto: scoprire che uno è adulto solo se assume responsabilità educativa verso le nuove generazioni, solo se fa arrivare a esse la propria differenza generazionale, se comunica anche a costo del conflitto la propria differenza, se confronta e rende vivo il confronto della differenza generazionale.

L'essere adulto significa che l'educatore riscopre che l'educazione ha due leve: una il contenimento e l'altra l'espressione. L'espressione senza contenimento non produce vita, la vita viene sempre prodotta dal gioco tra espressione e contenimento; e la capacità di contenere è una delle capacità tipiche dell'essere adulto.

Viviamo in un'epoca di passaggio e abbiamo la possibilità di fare qualcosa, a una condizione fondamentale: tornare a rimettere i giovani al centro dei nostri progetti, ritornare a pensare che una società viva costruisce il proprio futuro solo se investe sui propri giovani; che il giovane debba essere oggetto di investimento nell'oggi in quanto oggetto di futuro.

Bisogna pensare al giovane come proiezione verso il futuro e non come a un contemporaneo di un'età diversa, semmai da accudire, di cui preoccuparsi se delinque, se devia… e da proteggere.

Il giovane, invece, è colui che può dar vita, speranza, alla società di oggi e del domani. Il futuro è aperto in maniera evolutiva se gli adulti fanno di tutto perché sia aperto, lasciando spazio già oggi alle giovani generazioni, accompagnandole nel cammino della loro esistenza.

L'ANIMAZIONE BIBLICA NELLA E DELLA PASTORALE GIOVANILE

> «Cari giovani, vi esorto ad acquistare dimestichezza con la Bibbia, a tenerla a portata di mano, perché sia per voi come una bussola che indica la strada da seguire»[110].

1. La Bibbia nella vita della comunità cristiana

Dio dialoga, Dio salva, Dio opera, Dio comunica. Come cristiani dobbiamo ascoltare Dio che parla, innamorarci di quello che dice, lasciarci perforare l'orecchio perché vi penetri la dolcezza del dialogo con lui, la sua salvezza, la sua passione d'amore trinitario.

«Piacque a Dio, nella sua bontà e sapienza, rivelare se stesso e far conoscere il mistero della sua volontà, mediante il quale gli uomini per mezzo di Cristo, Verbo fatto carne, nello Spirito Santo hanno accesso al Padre e sono resi partecipi della natura divina. Con questa rivelazione, infatti, Dio invisibile nel suo immenso amore parla agli uomini come ad amici e si intrattiene con essi per invitarli e ammetterli alla comunione con sé» (DV2).

Questo è il fondamento del nostro essere cristiani, questo sta alla base delle nostre parrocchie, dell'amministrazione dei sacramenti, di ogni animazione biblica anche della pastorale giovanile.

La Dei Verbum è il fondamento di ogni pastorale; la si può usare come

---

[110] BENEDETTO XVI, *Messaggio per la Giornata Mondiale della Gioventù* (22-2-2006): AAS 98 (2006), 282-286.

annuncio affascinante della bellezza della vita cristiana, della sua fonte, della sua attrazione. Il testo così com'è, sine glossa, può essere proposto a giovani che cercano, ad adulti che vogliono riscrivere una vita cristiana sepolta sotto pratiche spente e ripetitive, ad anziani cui cresce la nostalgia di esperienze formative profonde e radicate nella parola di Dio cui erano abituati negli anni del concilio.

Occorre essere degli irriducibili dell'esperienza del dialogo con Dio, dell'ascolto della sua Parola, della conversione che essa provoca nell'uomo e nella chiesa.

Ascoltare Dio che parla produce uno sguardo rinnovato sulla vita, ci inserisce in un dinamismo che dalla vita ci fa leggere un testo e dalla Parola gustata, capita, sviscerata, ci rimanda alla vita. L'uomo non credente, il giovane che ha sete di senso, si sente interpellato, perché viene a contatto non con una parola di uomo, una congettura, ma con il mistero affascinante di Dio.

Una grande scommessa da fare è quella di preparare animatori di pastorale giovanile capaci di "stanare" da ciascuno la volontà di confronto con la Parola, di ricerca, di profondità di lettura della propria vita.

La comunità cristiana nasce dalla parola di Dio.

Per costruire la comunità cristiana non valgono solo progettazioni, programmi, strategie operative, spazi e costruzioni, assetti strutturali, competenze culturali, che pure in seconda battuta possono aiutare la comunicazione della Parola, ma è richiesto sempre che la persona, l'uomo della strada e l'abituale frequentatore di chiese, si dedichi all'ascolto della Parola e la comunità cristiana, riprenda decisamente in mano la parola di Dio e, attraverso di essa, si lasci invadere dal Dio che parla, si comunica, si dona.

Non crediamo sia importante cercare dove collocare nella pastorale, e quindi anche nella pastorale giovanile, la parola di Dio, ma di capire che la pastorale, e di conseguenza ogni animazione biblica, c'è solo perché questo Dio che parla sia accolto e ascoltato, cercato e incontrato, celebrato e invocato, amato e servito e perché l'uomo a contatto con la parola di Dio formi un mondo di giustizia e di pace e raggiunga la salvezza.

La parola di Dio viene a cercarci là dove siamo e Dio abita là dove lo lasciamo entrare e questo ci obbliga ad assumere e a creare nell'uomo e nel giovane di oggi l'atteggiamento determinante dell'ascolto. È la vita quotidiana della comunità cristiana il soggetto che rende possibile incontrare la Parola. È in essa che la Parola è letta, è lì che è legata al sacramento, è lì che fa essere, provoca, costruisce il sacramento e quindi la nostra salvezza.

Si incrociano, a nostro avviso, due interrogativi. A quali giovani, in concreto, pensiamo, quando affermiamo l'urgenza di un loro incontro con la Bibbia? Fuori discussione la necessità dell'incontro personale e comunitario con la Bibbia, ma quali testi vanno privilegiati? Quali possono sostenere meglio il processo di maturazione della fede?[111].

2. Alcune brevi considerazioni

La proposta biblica rivolta ai giovani è a volta viziata da alcuni atteggiamenti che possono allontanare, e non solo i giovani:

- moralismo: prendere spunto dalla Parola per offrire indicazioni senza speranza;
- estetismo: compiacersi nel dire tutto della Parola, ma senza che ciò interpelli la vita;
- individualismo: camminare con la Parola senza incontrare la comunità;
- spiritualismo: alimentare (e giustificare) con la Parola una spiritualità disincarnata;
- elitismo: creare attorno alla Parola un gruppetto di intellettuali.

[111] Cfr. R. TONELLI, *Modelli di pastorale giovanile a confronto* in *Note di Pastorale Giovanile* 6/1987, 3-21; R. TONELLI, *Per la vita e la speranza. Un progetto di pastorale giovanile*, Roma 1996.

Pensare di formulare orientamenti per la prassi non può, infatti, prescindere dal confronto con la religiosità dei giovani, perché la proposta dell'animazione biblica nella pastorale giovanile costituisca una positiva risposta a bisogni e tendenze delle nuove generazioni.

Nell'ultima indagine dell'istituto IARD Giovani, religione e vita quotidiana[112] si sottolineano alcune caratteristiche comuni a un universo giovanile, peraltro molto frammentato e differenziato. Esse sono proprie di tutta la società italiana, ma trovano nei giovani alcuni interessanti specificazioni. Ne elenchiamo alcune:

- a una crescita del livello di secolarizzazione corrisponde un'evidente crescita dell'interesse verso la spiritualità; l'esito della secolarizzazione non è – per i giovani – la scomparsa della ricerca religiosa (come alcuni profetizzavano), ma una sua trasformazione;
- i giovani manifestano un'adesione ancora maggioritaria (81%) al cattolicesimo, ma si rileva una diminuzione della sua significatività: per molti di essi la religione riveste un ruolo identitario/storico e non esistenziale/profetico;
- si registra una marcata tendenza all'individualizzazione del rapporto con Dio: la domanda religiosa è de-istituzionalizzata, con il conseguente rischio di deviazioni, sincretismo e compromessi. Non manca, tuttavia, la ricerca di un'appartenenza leggera, ma significativa, alla comunità credente;
  in un'esperienza di vita estremamente frammentata, l'esperienza religiosa vede diminuire la capacità di influire su altri ambiti dell'esistenza;
- una fluttuazione, secondo un "effetto a U", dell'interesse per la religione: conosce il punto più basso tra gli adolescenti, per poi risalire dopo i 25 anni.

---

[112] Cfr. R. GRASSI (ed.), *Giovani, religione e vita quotidiana. Un'indagine dell'Istituto Iard per il Centro di Orientamento Pastorale*, Bologna 2006.

3. Difficoltà da superare

Ci sono alcuni ostacoli, di cui spesso neppure i giovani si rendono conto, ma che oscurano la bellezza della scoperta della Parola[113]. Occorre, allora, dare nome a queste difficoltà per poterle superare.

3.1 L'ignoranza delle Scritture

La completezza della vita cristiana, che diventa capacità di irradiare il Vangelo, è legata alla conoscenza delle Scritture. È noto quanto il Concilio Vaticano II abbia insistito affinché «tutti i fedeli abbiano largo accesso alla sacra Scrittura» e che, perciò, «la parola di Dio debba essere a disposizione di tutti in ogni tempo», con traduzioni fatte preferibilmente sui testi originali, anche con la collaborazione dei fratelli separati (DV 22). Bisogna allora «ripartire dalla e con la Parola» perché la conoscenza, l'amore delle Scritture, il dialogo con Dio sia fonte di consolazione che elevi la vita dei nostri giovani.

Suggestivo e significativo il richiamo in 2Tm 3,14-16, dove si esorta il giovane Timoteo dicendogli: «Tu rimani saldo in quello che hai imparato e di cui sei convinto. Fin dall'infanzia conosci le Sacre Scritture: queste possono istruirti per la salvezza, che si ottiene per mezzo della fede in Cristo Gesù».

Si tratta di una conoscenza trasmessa a Timoteo dalla famiglia, da quel nucleo educativo primario che oggi purtroppo non sa e non riesce più a trasmettere la fede.

[113] Cfr. C. M. MARTINI, *La pratica del testo biblico*, Casale Monferrato (Alessandria) 2000.

3.2 Insufficienza dello schema domanda-risposta

Non è vero che le domande riguardanti la salvezza si trovano soltanto dalla parte del giovane, mentre le risposte si trovano nella Bibbia. Dovremmo evitare di strumentalizzare la Parola cercando in essa "le ricette" da offrire ai giovani per risolvere i loro problemi. Pertanto, non si deve pensare che le "risposte" cadano dal cielo in maniera miracolosa.

Esse vengono scoperte e si svelano anche attraverso la conoscenza del contesto umano in cui la Parola di verità ha preso forma e linguaggio.

3.3 Mancanza di circolarità feconda tra vita e parola di Dio e tra parola di Dio e vita dei giovani

Senza questo dinamismo di giudizio e di verifica, la Parola rischia di rimanere disincarnata, quasi un'idea astratta. E la stessa lettura della Bibbia mancherà di coinvolgere la vita e, come conseguenza, non susciterà interesse alcuno da parte del giovane. Spesso si è più preoccupati di far emergere una modalità esegetica che dice tutto della Parola, ma non aiuta a lasciarsi affascinare da essa.

Si fa uno studio anche serio, ma incapace di interrogare la vita. Si conosce tutto dell'alfabeto ebraico, si conoscono tutti i modelli poetici dei salmi, si riescono a fare confronti dotti con altri passi paralleli, si collegano parole, radici verbali, si fanno schemi e rime.

La Parola e la vita si devono assolutamente sempre richiamare e interrogare vicendevolmente. Perché il messaggio coinvolga la vita non esiste un modo prestabilito di procedere.

Si può, infatti, partire da una preoccupazione del giovane per risalire alla Bibbia e viceversa; infatti, si può prendere avvio da un'esperienza di solitudine, di gioia, di tristezza e poi cercare in quale modo essa si allarghi; oppure si può partire dalla prospettiva di fede e vedere come essa si verifichi nel concreto.

3.4 Dalla visuale pragmatica della vita allo sguardo contemplativo

Tuttavia, una regola deve essere tenuta in grande considerazione da parte degli educatori affinché il rapporto Parola-vita sia vero ed efficace: sforzarsi di educare lo sguardo contemplativo nell'agire dei giovani, perché essi riescano a cogliere in ogni realtà e in ogni avvenimento il mistero di Dio, così da poter parlare di tutte le espressioni più umane e razionali della persona leggendole in questa visuale; oppure poter cogliere il mistero di Dio contemplandolo già inserito nella loro persona.

Si tratta di una visuale interiore che permette di recuperare sempre e comunque la globalità, anche quando la razionalità, necessariamente analitica, distingue tempi, aspetti, attenzioni. Per questo sarà necessario che il giovane impari a vivere la dimensione contemplativa, altrimenti continuerà a operare delle giustapposizioni incapaci, da sole, di creare unificazione nella persona.

A fronte di tale situazione, vorremmo indicare un criterio che mette insieme la circolarità tra vita e parola di Dio:

Vita-Parola-vita (dalla vita amata, apprezzata, affrontata con decisione alla Parola accolta, apprezzata, interrogata, ascoltata e poi di nuovo alla vita trasformata); oppure **Parola-vita-Parola** (cioè dall'ascolto della Parola, spesso tanto desiderata a partire da una vita vuota, all'illuminazione della vita e alla conversione, per ritornare alla Parola che si fa preghiera e contemplazione): sono queste le sequenze obbligatorie che dobbiamo attivare nell'approccio dei giovani alla Parola, altrimenti rischiamo di lasciare tanti di loro senza il dono vero della vita che è Gesù.

Questo circolo ermeneutico va riattivato e potrebbe creare le giuste condizioni per l'animazione biblica nella e della pastorale giovanile. Attraverso alcune priorità che possono risvegliare l'interesse dei giovani e dei loro educatori nei confronti della sacra Scrittura.

4. Alcune priorità per l'animazione biblica della Pastorale giovanile

4.1. Leggere la Bibbia a partire dai grandi interrogativi dell'esistenza

La Bibbia diventa un libro interessante per il giovane soltanto quando egli comprende come essa abbia a che fare con gli interrogativi esistenziali della sua vita[114].

Dunque, per accogliere la Parola è indispensabile aiutare il giovane a porsi i grandi interrogativi esistenziali (Chi sono io? Dove sto andando? Che senso ha la mia vita?) e a sentirlo come problemi fondamentali e reali che richiedono una risposta. Altrimenti, e nonostante tutti i sussidi scientifici e le più o meno indovinate metodologie, la Bibbia resterà un libro ermeticamente chiuso e, soprattutto, un libro di nessun interesse per il giovane.

La stessa domanda su Dio, o meglio la conoscenza del volto dell'Altro (Chi è Dio per me?) si accompagna alla domanda su sé stessi (Chi sono io?).

4.2. Sapersi riconoscere nei personaggi biblici

La Bibbia in quanto "parola di Dio" continuerà a rivolgere un messaggio vivo, una parola attuale e vitale, un messaggio di luce e liberazione al giovane d'oggi – certo attraverso parole storiche e culturalmente datate e in un ambiente molto diverso del nostro – soltanto se egli riesce a riconoscersi nell'esperienza dell'uomo biblico: nei suoi problemi, nella sua ricerca di salvezza, nei suoi dubbi di fede, nelle sue testimonianze, nel suo errare lungo sentieri, talvolta anche sbagliati…

---

[114] Cfr. C. BISSOLI, *"Va' e annuncia" (*Mc *5,19). Manuale di catechesi biblica*, Leumann (Torino) 2006, 116-117; ID., *Maestro, dove abiti? Itinerari giovanili con il vangelo*, *ivi* 2002. S. CURRÒ - R. DIMONTE (curr.), *Giovani in cammino con la Bibbia*, Cinisello Balsamo (Milano) 2001; R. TONELLI, *La narrazione nella catechesi e nella pastorale giovanile*, Leumann 2002

4.3. Scoprire nei racconti biblici l'illustrazione dei propri problemi

L'esperienza degli uomini e delle donne della Bibbia non è soltanto quella dei singoli individui di cui si è servito Dio per comunicare qualche affermazione teologica o per scrivere qualche pagina edificante, ma è il luogo scelto da Dio per manifestare la salvezza.

I racconti biblici presentano tracce di linguaggio mitico, proprio per questo diventano un modo privilegiato per sollevare e illustrare i problemi esistenziali dei giovani: la durezza dell'esistenza; la precarietà del lavoro; l'ingiustizia che priva l'operaio di ciò che con tanto sudore ha guadagnato; la sofferenza dell'amore e degli affetti familiari; la divisione e l'odio tra fratelli, gruppi e popoli; l'impossibilità di parlare tutti uno stesso linguaggio; il confronto con il problema della sofferenza, della morte; la sete fondamentale di vita autentica e duratura; la drammaticità della vita; l'aspirazione alla giustizia, alla pace, alla riunificazione dell'uomo con sé, con il prossimo e con Dio…

Tra tutti i racconti biblici, il giovane dovrà tornare sempre a guardare Gesù di Nazaret e i grandi gesti della sua vita.

Se la Bibbia è offerta di salvezza all'uomo, quale bisogno di salvezza manifesta il giovane? E che senso può avere per lui una parola come "salvezza"? Il giovane è portatore di una domanda di senso che si declina in diverse forme.

Anzitutto come domanda di direzione e orientamento e ha a che fare con il comportamento, con l'etica; ma poi anche come domanda di significato e di gusto, di bellezza, di autenticità, di pienezza.

Si tratta di una domanda che chiede salvezza qui e ora dalla molteplicità tanto seducente quanto ingannevole, dall'et-et che promette falsamente che tutto è possibile.

Si tratta di una domanda che cerca una radice, un centro unificante che salvi dall'atomizzazione e dalla frammentarietà della vita odierna e, quindi, dalla mancanza di unità dell'io personale.

Si tratta di una domanda che anela a recuperare il primato dell'essere sulla dominante del fare, sull'efficacia a ogni costo, il primato dell'umano sul tecnologico.

Insomma la domanda di salvezza è declinata dal giovane in modo esistenziale, senza per questo dimenticare il problema dei fini ultimi, del senso del senso. Ma è sul piano dell'esistenza che trova una sua prima, basilare, decisiva applicazione.

La lettura della Scrittura può essere proposta al giovane come itinerario che dall'ascolto conduce alla conoscenza e da questa all'amore e al senso pieno della vita.

CONCLUSIONE

La scelta educativa nel campo della fede rimane quella più faticosa ed irta, comprende fallimenti e successi; lavorare con i giovani induce a cercare sempre nuovi percorsi per annunciare loro Gesù, come Signore della nostra vita e della storia. Mettere insieme giovani, annuncio del Vangelo e scelta educativa porta a imparare e a credere di non essere mai arrivati, che c'è sempre un oltre, che si aprono nuovi orizzonti; basta a volte girare l'angolo per scoprire nuovi concetti, e restare colpiti dalla novità e dallo splendore inaudito.

Educare i giovani mi ha insegnato un valore per rimanere sempre *giovane*, quello della meraviglia e dello stupore. In una società dove tutto sembra scontato, già programmato e preconfezionato, sembra non esserci spazio più né per il sorprendente, che spiazza le nostre logiche cieche e meschine, né per la novità, che resta imprevedibile e non catturabile da nessuna logica, né di pensiero, né educativa.

Annunciare il Vangelo della carità mi ha insegnato che la vera logica del Cristo è quella di ***tornare bambini***; tale verità ci insegna a porre la nostra forza, non tanto in noi stessi, ma solo in Dio, essere fiduciosi ed abbandonarsi proprio come un bimbo svezzato in braccio alla sua mamma; a essere capaci di vivere senza barriere pregiudiziali, che ci stringono in morse mortali, il bambino è semplice nel suo approccio alla vita; a essere pronti alla novità, di non perdere il senso della meraviglia e dello stupore.

La quotidianità può ammazzare anche i più grandi amori e le grandi scelte per gli ideali di vita: la logica del *diventare bambini*, invece, ci dice di essere sempre pronti a che la vita ci insegni cose nuove e sorprendenti.

Un giorno Gesù disse: «Io sono la luce del mondo; chi segue me non camminerà nelle tenebre»[115]; ma sorprende che poi l'abbia detto anche di

[115] Gv 8,12.

noi: «Voi siete la luce del mondo»[116].

Eppure è così, essere cristiani, in questo tempo di difficili sfide che ci attendono, vuol dire esser luce da luce, come Cristo.

Non importa, se siamo pochi, deboli, impari ad una missione molto più grande di noi; non importa se siamo solo lo stoppino di una candela; l'importante è essere accessi; ogni stoppino, anche il più piccolo, quando è acceso, si trasforma in luce vera, in fuoco vero che illumina, riscalda, dà forza e trasforma.

Le sfide del terzo millennio hanno bisogno di essere risposte con verità, giustizia e carità, restando sempre attenti alla novità, per stupirci di ciò che la vita ci dona, e per aprire sempre nuovi orizzonti e prospettive.

---

[116] Mt 5,14.

Printed by Books on Demand GmbH, Norderstedt / Germany